ullstein

Das Buch

Demenzkranke wollen in ihrem Sein akzeptiert werden. Aber wir »Gesunden« können nicht ertragen, geliebte Angehörige ins Vergessen gleiten zu sehen. Wir therapieren, beschäftigen und medikamentieren sie, damit wir uns nicht hilflos fühlen, ohne den Dementen damit wirklich zu helfen. Stattdessen sollten wir den Kranken mit Respekt begegnen. Das praktiziert Michael Schmieder im Pflegeheim Sonnweid – mit beeindruckendem Erfolg. Sein Buch ist ein Plädoyer für die Würde von Demenzkranken. Und es ist eine Handreichung für Angehörige, die nach Hilfe suchen.

Die Autoren

Michael Schmieder, geboren 1955, leitet das Heim Sonnweid bei Zürich. Er ist ausgebildeter Pfleger und hat einen Master in Ethik.

Uschi Entenmann, Jahrgang 1963, ist Autorin bei *Zeitenspiegel Reportagen* in Weinstadt.

Von Michael Schmieder und Uschi Entenmann ist in unserem Hause außerdem erschienen:

Dement, aber nicht vergessen

Michael Schmieder/Uschi Entenmann

Dement, aber nicht bescheuert

Für einen neuen Umgang mit Demenzkranken

Ullstein

Besuchen Sie uns im Internet:
www.ullstein.de

Wir verpflichten uns zu Nachhaltigkeit
- Papiere aus nachhaltiger Waldwirtschaft und anderen kontrollierten Quellen
- ullstein.de/nachhaltigkeit

Zum Schutz von Personen wurden Namen, Biographien und Orte zum Teil verändert und Handlungen, Ereignisse und Situationen an manchen Stellen abgewandelt.

MIX
Papier | Fördert gute Waldnutzung
FSC® C021394
FSC www.fsc.org

Ungekürzte Ausgabe im Ullstein Taschenbuch
1. Auflage März 2018
7. Auflage 2025

Bei Fragen zur Produktsicherheit wenden Sie sich bitte an
produktsicherheit@ullstein.de
Umschlaggestaltung: zero-media.net, München,
München nach einer Vorlage von Rudolf Linn, Köln
Satz: Pinkuin Satz und Datentechnik, Berlin
Gesetzt aus der Adobe Garamond
Druck und Bindearbeiten: ScandBook, Litauen
ISBN 978-3-548-37710-0

»Der Menschheit Würde ist in eure Hand gegeben,

Bewahret sie!

Sie sinkt mit euch! Mit euch wird sie sich heben!«

Aus: Friedrich Schiller, »Die Künstler«

Inhalt

Dank

Demenz ist eine Krankheit, die den Betroffenen und ihren Angehörigen Angst macht. Doch der Umgang mit den demenzkranken Menschen in der Sonnweid beweist, dass sie ihre Würde wahren können, dass seelischer Schmerz und Angst zwar dazugehören, aber ebenso Zuwendung, Liebe und Humor. Diese Balance anschaulich zu beschreiben ist dem Sprach- und Fingerspitzengefühl von Erdmann Wingert zu verdanken. Er hat den Entstehungsprozess des Buches in allen Phasen intensiv begleitet. Dank ihm erreicht das schwierige Thema die Leser ebenso leicht wie tiefgründig.

Dank gebührt auch den Mitarbeitern der Sonnweid, allen voran Monika Schmieder, die den Menschen im Heim, den kranken und gesunden, seit so vielen Jahren mit Empathie und Respekt begegnet. Ebenso René Boucard, dem Besitzer der Sonnweid, weil er im Heim ermöglicht, dass Neues entstehen kann. Danke auch den Kollegen der Reportageagentur *Zeitenspiegel*, die uns den Rücken freihielten. Clara Entenmann und Bruno Bienzle sind wir dankbar fürs Erstlesen und mutmachendes Feedback. Herzlicher Dank gebührt schließlich unserer Buchagentin Barbara Wenner und den Lektorinnen Julika Jänicke und Claudia Schlottmann für ihre Ruhe, Geduld und Kritik.

Abschied und Ankunft

Der Eintritt in ein Heim muss nicht Verbannung bedeuten, sondern kann auch von Zwängen befreien – den Betroffenen wie seine Angehörigen

Befürchtet hatten es alle, aber dann fuhr der Familie doch der Schreck in die Glieder. »Mutti muss ins Heim«, verkündete die Tochter, nachdem sie von einem Besuch im Krankenhaus zurückgekehrt war.

Die Gewissheit, Abschied von einem Menschen nehmen zu müssen, der seit je zur Familie gehört hatte, traf alle, jeden auf seine Art. Dass dieser Abschied gewisse Erleichterungen bringen würde, realisierte vorerst noch keiner. Auch nicht die Tochter, die ihre Mutter seit Jahren betreut hatte, meist liebevoll, manchmal auch etwas gereizt, wenn die verwirrte Frau beim Anziehen, Waschen und bei anderen Handreichungen hartnäckig jede Hilfe verweigerte. Weil sich die Tochter von früh bis spät um sie kümmerte, wurden Gespräche und gemeinsame Stunden mit ihrem Mann immer seltener. Vielleicht ahnten sie, dass sie künftig mehr Zeit füreinander hätten, auch für die Töchter und den Sohn. Die Kinder konnten das Dahinschwinden der Großmutter nicht ertragen und kamen kaum noch zu Besuch, der Sohn behauptete sogar, er würde sich eher »die Kugel geben« als so zu altern. Hinzu kam, dass sein Betrieb, den er mit einem Zuschuss der Eltern gegründet hatte, kriselte. Das Geld sollte er wieder zurückgeben, denn Heime sind teuer. Auch die Töchter, beide noch in der Ausbildung, müssten Opfer bringen, zumal sich andeutete, dass es noch schlimmer kommen würde. Denn der Großvater schien nicht mehr so ganz von dieser Welt zu sein, seitdem die Oma im Krankenhaus lag. Wer um Himmels willen sollte und konnte das alles bezahlen!

Seit dreißig Jahren sind wir jede Woche mit ähnlichen Schicksalen konfrontiert. Rund fünfzig Menschen, die an Demenz erkrankt sind, nehmen wir pro Jahr in unserem Heim, der Sonnweid, auf. Jeder von ihnen bringt eine eigene Geschichte mit, und immer wieder tun sich Abgründe auf. Im Gegensatz zu den meisten Heimen gilt deshalb in der Sonnweid die Regel, dass wir beim ersten Treffen Gespräche nur mit den Angehörigen führen. Selbst in einem frühen Stadium der Demenz kann der Kranke dem Gespräch oft nicht mehr folgen. Er hat vermutlich schon lange vorher bemerkt, dass etwas in seinem Kopf nicht stimmt, und tut aus seiner Sicht das einzig Richtige: Er schweigt. Weil er ahnt, dass mit dem Ende des Schweigens auch das Ende seiner bisherigen Sozialstruktur einhergehen würde. Er hat Angst vor der Veränderung. Auch von außen gesehen ist er mit diesem Verhalten im Recht. Es ist schließlich nicht die Aufgabe des Kranken, seine Defizite zu melden – dies würde dem Wesen der Krankheit widersprechen. Er spürt zwar, dass man über ihn redet, versteht jedoch kaum, was das für ihn bedeutet, wird im Verlauf des Gesprächs immer verwirrter, gestresster und zunehmend von Ängsten geplagt. Stellt man ihm eine Frage, dauert es quälend lange, ehe er eine Antwort findet, und die besteht oft nur in der verzagten Bitte an den Angehörigen: »Sag du es.«

Auch ohne seine Gegenwart ist das erste Gespräch ein Schlüsselerlebnis. Für uns, den Kranken und seine Angehörigen. Wir alle wissen, dass eine demenzielle Erkrankung immer ein komplexes System trifft. Krank ist eine Person, betroffen sind viele. Und alle haben sich noch vor dem ersten Treffen in der Sonnweid bohrende Fragen gestellt: Wird Mutti es im Heim aushalten? Kommt es nicht billiger, wenn sie noch ein Weilchen daheimbleibt? Gibt es denn nicht inzwischen eine wachsende Zahl von Pflegediensten, die dafür sorgen, dass es zu Hause möglichst lange gutgeht? Selbst wenn diese Institutionen aus naheliegenden Gründen daran interessiert sind, dass es möglichst lange »gut« geht. Wie viel Lieblosigkeit mit der Pflegekraft durch die Tür kommt, kann niemand beurteilen. Schon gar nicht die Kranke. »Oma redet doch viel, wenn der Tag lang ist.«

Dennoch kommt der Punkt, an dem nichts mehr geht. Es ist quälend, dauernd spüren zu müssen, dass die Pflege zu Hause kaum Anerkennung findet, die Fürsorge auf Essen reichen, Einlagen wechseln und Waschen reduziert ist und man am Ende dennoch nicht alles schafft. Weil man nicht mehr genug Schlaf bekommt, Schlafentzug ist in manchen Ländern eine Foltermethode! Weil man ungeduldig wird, zuweilen sogar aggressiv reagiert und weiß, dass die Belastung von Tag zu Tag schlimmer wird. Demenz ist nicht heilbar, das hat sich herumgesprochen. Schließlich bleibt nur noch der letzte Schritt: Wir bringen die Oma ins Heim, genau dahin, wo sie nie hinwollte.

Auch wenn wir diese Klage aus Hunderten von Gesprächen kennen, ist es wichtig, sie immer wieder anzuhören. In den ein bis zwei Stunden des ersten Gesprächs erlebe ich regelmäßig, dass sich mein Gegenüber öffnet, sehe, wie sich ein Bild des Kranken entwickelt, erkenne ich, wie weit die Demenz fortgeschritten ist, vor allem aber auch, welcher familiäre Hintergrund sich abzeichnet. Schon deshalb bitten wir vor dem Treffen darum, uns keine Vorberichte, keine Krankenakte oder irgendwelchen Papierkram zu schicken. Wir wollen uns ohne Vorwissen ein Bild davon machen, wie es unter der Oberfläche aussieht. Oft sind es tiefe Verletzungen, die sich offenbaren. Wie im Fall der alten Frau, die ihren dementen Mann bei uns unterbringen wollte. Nach einem langen Blick durch die Fensterwand meines Büros in den Garten, durch den Patienten spazierten, manche allein, andere von Pflegerinnen begleitet, brach es aus ihr heraus. Ein Leben lang habe ihr Mann sie betrogen, das Geld verhurt, und für sie habe er nichts übriggehabt. Erst als ihn die Krankheit daran hinderte, über die Stränge zu schlagen, konnte sie sich fürs Alter etwas vom Munde absparen, immerhin dreißigtausend Franken. Und die sollten jetzt für die Pflege dieses Kerls draufgehen!

Es ist nicht unsere Aufgabe zu werten, wir dürfen uns nicht zum Anwalt für den scheinbar Schwächeren einer Beziehung machen. Auch wenn wir glauben, ihn zu verstehen. Im Fall der zornigen alten Dame brachte ich schon ein gewisses Verständnis für ihre Reaktion auf. Sie hätte ja durchaus die Möglichkeit gehabt, den Spieß umzudrehen, wenn sie ihren Mann bei sich behalten hätte. In ihrem langen Eheleben hatte immer er die Rolle des Stärkeren gespielt, zu Hause läge jetzt die Macht in ihren Händen. Es spricht für sie, dass sie ihren Schürzenjäger trotzdem in unsere Obhut gab, wo er es dann auch tatsächlich verstand, sich beliebt zu machen, vor allem bei den Damen. Wie vielen anderen Angehörigen auch hat ihr bei dieser Entscheidung geholfen, dass sie sich ausweinen und den Ärger von der Seele reden konnte. Für die Angehörigen ist es wichtig, dass sie sich nicht bewertet fühlen, sondern in ihren zwiespältigen Gefühlen und ihrer Überforderung angenommen werden. Klagende Fragen, warum die Tochter ihren Vater nie besucht, warum der Sohn die Mutter alleinlässt, bleiben im Raum stehen. Dafür drängen sich neue Fragen auf, die wir beantworten müssen. Wie wird der kranke Angehörige reagieren, wenn er ins Heim gebracht wird? Was geschieht dort mit ihm? Wann ist überhaupt der richtige Zeitpunkt gekommen, ihn fortzugeben?

Wir möchten den Angehörigen nichts vormachen. Ich kenne den richtigen Zeitpunkt auch nicht. Spätestens, wenn man sich wünscht, der andere möge endlich sterben, ist er gekommen. Der Eintritt ins Heim bedeutet immer auch eine

Auseinandersetzung mit dem Austritt, dem Tod. Das spüren alle sehr genau. Die gemeinsame Wohnung zu verlassen heißt, ein gemeinsames Leben zu verlassen. Sich vorzustellen, dass heute Abend mein Mann, meine Frau zum letzten Mal neben mir einschlafen wird, ist trotz aller Belastungen der vergangenen Jahre schwer zu ertragen. Dennoch kann es trösten, wenn der gesunde Partner den Wechsel ins Pflegeheim nicht als Abschieben betrachtet. Den Kranken fürsorglich zu betreuen gelingt nur, solange der Gesunde nicht über seine Grenzen hinaus belastet wird. Wenn er verzweifelt ist, den Kranken vernachlässigt, ständig schimpft und wenn ihm vielleicht sogar mal die Hand ausrutscht, dann braucht er dringend Hilfe von außen.

Im Umgang mit Demenzkranken gilt der Grundsatz, sich nicht mit ihnen zu identifizieren. Wir müssen eine Form der distanzierten Empathie im Umgang mit unseren Schützlingen wahren, alles andere wäre unprofessionell und würde weder den Kranken noch den Pflegenden helfen. Doch unter den Lebens- und Leidensgeschichten, die in den Erstgesprächen anklingen und den Besuchersessel in meinem Büro zuweilen in einen Beichtstuhl verwandeln, gibt es auch Tragödien, die uns in einem guten Sinn stark berühren. Dazu gehört die Liebesgeschichte zwischen Regina und Bernard Berger, an die ich mich noch in vielen Details erinnere, weil sie mir sehr nahegegangen ist. Und weil auch sie exemplarisch für den Verlauf der Krankheit ist.

Die beiden begegneten sich Anfang der achtziger Jahre

zum ersten Mal. Anlass war ein geschäftlicher Termin, der plötzlich und unerwartet in eine Liebe auf den ersten Blick mündete. Regina war Abteilungsleiterin in einer Firma in Zürich, er arbeitete als Chefinformatiker einer französischen Firma und kam als Kunde zu ihr. Ein Mann, der was hermachte: fast eins neunzig groß, schlank, mit markant geschnittenem Gesicht und Augen, um die er beim Reden feine Lachfältchen zwinkerte. Sein Humor war es, in den sie sich sofort verguckte, dieser jungenhaft spöttische, aber nie verletzende Charme, der die Geschäftsbesprechung zu einem amüsanten Geplänkel machte. Auch ihn hatte es auf Anhieb erwischt. Schon nach einer Stunde wusste er: Diese warmherzige Person, mit der es sich so gut lachen ließ, war die Frau seines Lebens.

Wenn sie doch bloß nicht beide bereits verheiratet gewesen wären! Reginas Ehe war kinderlos geblieben, aber er hatte zwei kleine Söhne, an denen er sehr hing. Undenkbar, sie zu verlassen. Fünfzehn Jahre lang konnten Regina und Bernard nicht zueinander kommen. Dennoch brachen sie den Kontakt nie ab, telefonierten immer wieder miteinander und trafen sich auch manchmal. Aber eine Affäre anzubandeln, das kam weder für ihn noch für sie in Frage.

Als Bernards Söhne aus dem Haus waren, holten sie alles nach. Noch heute leuchten Reginas Augen, wenn sie von den ersten Jahren an seiner Seite spricht. Von Liebe, Leidenschaft und immer wieder von den lustigen Momenten, in denen die Pferde mit ihm durchgingen. Es heißt, dass wir Männer das Herz einer Frau vor allem dann gewinnen, wenn wir sie zum

Lachen bringen. Darin war Bernard ein Meister. Als Sohn einer französischen Mutter verstand er sich auf das Savoir-vivre, die Kunst, das Leben hin und wieder auf die leichte Schulter zu nehmen. Regina teilte es mit ihm, nachdem sie im Jahr 2000 geheiratet hatten. Immer wieder verzauberte er sie mit seinem Charme, seiner Klugheit und seinem Humor. Beide verdienten gut und konnten sich Weltreisen leisten. Sie waren unzertrennlich. Regina wich Tag und Nacht nicht von seiner Seite, kletterte mit ihm sogar ins offene Cockpit eines Sportflugzeugs, das zu einem Akrobatikflug mit doppeltem Looping startete. Was konnte ihr schon passieren! Bernard besaß die Lizenz eines Fallschirmlehrers, und er war ihr Liebster. Mehr Sicherheit brauchte sie nicht. Waren sie wieder daheim, genoss sie die stillen Stunden mit ihm. Zu seinen vielen liebenswerten Seiten gehörte das Talent, raffinierte Gerichte zuzubereiten. Er war ein exzellenter Koch, der einen Nachmittag lang am Herd stehen konnte, um Regina am Abend mit einem köstlichen Menü, erlesenen Weinen und einem festlich gedeckten Tisch zu beglücken. Es war eine Ehe, die im Himmel geschlossen wurde – umso tiefer war der Absturz, der folgte.

Ein Jahr nach der Hochzeit verlor er seinen Job. Kurz darauf begannen ihn heftige Kopfschmerzen zu plagen. Tabletten halfen nichts, die Schmerzen wurden schlimmer. Der Hausarzt vermutete als Ursache eine schwere Depression, doch als die Medikamente wieder nicht halfen, schickte er Bernard mit Verdacht auf einen Gehirntumor zur Computertomographie in die Klinik. Dort beruhigte der Chefarzt das Paar. In Bernards Kopf sei alles in Ordnung.

Nichts darin war in Ordnung. Zunächst kaum spürbar, schlichen sich Irritationen ein. Es begann mit der Orientierung. Manches Mal, wenn er seine Mutter in der französischen Schweiz besuchte, erreichte Regina ein besorgter Anruf, weil Bernard nach vier, manchmal fünf Stunden immer noch nicht angekommen war. Warum er für die Autofahrt, die er früher in zwei Stunden geschafft hatte, so viel länger gebraucht hatte, konnte er nicht erklären. Überhaupt fiel dem ehemals so wortgewandten Mann das Reden schwer. Er sprach zunehmend langsamer und machte lange Pausen, in denen er nach Worten suchte. Regina schob es auf die Kopfschmerzen, die ihn offenbar so durcheinanderbrachten, dass er nicht richtig denken und folglich auch nicht flüssig reden konnte. Waren die Schmerzen womöglich auch der Grund dafür, dass in letzter Zeit ein Strafzettel nach dem anderen ins Haus flatterte, die meisten für falsches Parken? Noch ahnte sie nicht, dass er nicht mehr in der Lage war, eine Parkscheibe richtig einzustellen, wollte es wohl auch nicht so genau wissen. Erst als er vergaß, seine Überweisungen zu tätigen, beschlich sie Angst. Sie merkte es zu spät, denn in Gelddingen war auf Bernard seit je Verlass gewesen. Aber plötzlich häuften sich die Mahnungen, seine Krankenkasse hatte ihm sogar gekündigt, weil er seit Monaten keine Beiträge eingezahlt hatte.

Jetzt fiel ihr auf, dass er sich in letzter Zeit davor gedrückt hatte, einzukaufen. Sie merkte, dass er beim Bezahlen Geldscheine und Münzen nicht mehr zusammenrechnen konnte. Er ließ den Sportwagen in der Garage, hörte auf zu kochen, wusste nicht mal mehr, wie man den Tisch deckt. Von bösen Ahnungen befallen, suchte Regina mit ihm eine Neurologin auf, die auf diese Krankheit spezialisiert war. Mehrere Wochen wurde er in der Universitätsklinik untersucht, wurde befragt, getestet, sein Gehirn wurde gescannt, das Blut untersucht.

Regina spürte an seinen schweißnassen Händen, dass er sich mehr und mehr vor dem Gang in diese kachelkalte Klinikwelt fürchtete, wo man ihm Fragen stellte, die er nicht beantworten konnte, wo er kläglich scheiterte, als er das Zifferblatt einer Uhr zeichnen sollte und nicht mehr wusste, wo die Stundenzahlen hingehören. Doch die aufwendigen Untersuchungen in der Neurologie mussten sein, denn nur eine genaue Diagnose bietet die Chance auf eine angemessene Behandlung.

Demenz ist ein Oberbegriff für mehr als hundert Krankheiten mit ähnlichen Symptomen. Allen gemeinsam ist, dass unter ihrem Einfluss die kognitiven Leistungen des Patienten schwinden. An dem sogenannten Alzheimersyndrom leidet mehr als die Hälfte aller Menschen mit Demenz, darunter auch Bernard Berger.

Als Bernard erfuhr, dass er an Alzheimer litt, brach er weinend zusammen: Alzheimer im mittleren Stadium! Regina Berger dagegen fühlte sich fast wie erlöst. Endlich herrschte Klarheit, endlich konnte sie etwas unternehmen, sich über das Krankheitsbild informieren und ins Auge fassen, was auf sie beide zukommen würde. Sie besorgte sich Fachbücher über Demenz und recherchierte im Internet, welche Hilfsdienste in Frage kämen. Als sich herausstellte, dass Bernard nicht einmal mehr den Computer bedienen konnte, setzte sie sich Stunde um Stunde mit ihm vor das Notebook und versuchte, dem ehemaligen Chefinformatiker wenigstens ein paar elementare Techniken zu vermitteln. Vergeblich.

Die bittere Erfahrung hatte ihm offensichtlich den Rest Lebensmut genommen, denn kurz darauf gestand er, dass er mit dem Gedanken gespielt habe, sich umzubringen. Sie flehte ihn an, ihr und sich selbst dieses Ende zu ersparen, und er versprach es.

Bernard machte sich über seinen Zustand keine Illusionen. Er wusste, dass die Zeit nahte, in der er endgültig verstummen würde. Schlimmer noch: Es war absehbar, dass er in einem späteren Stadium der Krankheit seine Freunde, die Mutter und Geschwister, ja selbst sie, seine Ehefrau, nicht mehr erkennen würde. Ehe es so weit war, wollte er alle irdischen Dinge regeln. So geschah es: Sie legten ihre Konten zusammen, er verfasste sein Testament, dazu Vollmachten, die ihr erlaubten, über alle weiteren Stationen seines letzten Lebenswegs zu verfügen, bis hin zu seiner Beerdigung.

Noch arbeitete Regina von Montag bis Freitag in ihrer Informatikabteilung. An zwei Tagen der Woche brachte sie Bernard morgens in eine Tagesstation und holte ihn nach Feierabend Punkt 17 Uhr wieder ab. Doch die übrigen Werktage, an denen er allein im Haus war, wurden zur Angstpartie.

Auch weil er sich nicht meldete, wenn sie anrief, denn den Zusammenhang zwischen Telefonklingeln und Abnehmen des Hörers erkannte er nicht mehr. Eine Zeitlang versuchte sie, ihre Arbeit nach Hause zu verlegen, wo er sie auf Schritt und Tritt verfolgte und sie kaum eine Minute in ihrem Homeoffice ungestört arbeiten ließ.

Nachdem sie schweren Herzens gekündigt hatte und in Frührente ging, waren sie wieder Tag und Nacht ein unzertrennliches Paar. Doch statt eines charmanten und weltläufigen Gentlemans begleitete sie von jetzt an ein ungebärdiges, ruheloses Kind, das unterwegs durch sehr lautes Sprechen auffiel. Bei Einkäufen und Ausflügen durfte sie ihren Mann keine Sekunde aus den Augen lassen, weil ihn ein ungestümer Bewegungsdrang dazu trieb, plötzlich und ziellos davonzulaufen. Auch zu Hause machten ihr rätselhafte und fast gespenstisch wirkende Vorgänge zu schaffen. Sie fuhr zusammen, als sie ihn zum ersten Mal im Badezimmer laut reden hörte. Besorgt spähte sie durch den Türspalt und sah ihn vorm Spiegel stehen. Mit schallender Stimme und hektischen Gebärden sprach er auf sein Spiegelbild ein, in dem er offensichtlich nicht sich, sondern irgendeinen Bekannten zu erkennen glaubte. In den folgenden Wochen eskalierte die Situation. Von neuen Phantomen im Spiegel schien er sich bedroht zu fühlen. Angst schüttelte ihn, seine Stimme schnappte über, Schweiß lief ihm übers Gesicht. Er knotete sich aus Handtüchern eine Art Knüppel, den er Tag und Nacht bei sich trug, um sich gegen die Spiegelphantome zu wehren.

Regina wusste sich und ihm nicht anders zu helfen, als die Spiegel in Badezimmer und Flur abzuschrauben, sie verhüllte die Fenster mit doppelten Vorhängen, um zu verhindern, dass ihn nach Einbruch der Dunkelheit wieder sein Spiegelbild erschreckte. Aber außerhalb des Hauses drohten ja noch Schaufenster und Autoscheiben, die bei ihm Angst und Aggressionen auslösen konnten. Deshalb führte sie ihn nur noch tagsüber aus der Wohnung, und selbst dann musste sie unentwegt wachsam sein, um Zwischenfälle zu verhindern. Einmal marschierte er auf einem Parkplatz ohne erkennbaren Grund wütend auf eine Frau los, die neben ihrem Wagen einparkte. Mit Mühe konnte Regina die erschreckte Frau beruhigen, die schließlich sogar Verständnis zeigte, als sie erfuhr, dass der Mann an Alzheimer litt. Doch solche Vorfälle wiederholten sich, und schließlich ging sie mit ihrem Mann nur noch im Wald spazieren. Überhaupt verringerte sich nach und nach die Zahl der Ausflugsziele, weil Bernard sich bei Restaurantbesuchen jedes Mal die Stoffservietten in die Hosentasche stopfte. Also besuchte sie mit ihm nur noch Biergärten, in denen es nichts dergleichen zu klauen gab.

Regina Berger hatte gewusst, was auf sie zukam. Fachbücher und Ratgeber hatten sie auf die Alltagsprobleme im Umgang mit ihrem dementen Mann vorbereitet. Geduld war gefragt, Toleranz und Einfühlungsvermögen, auch Diplomatie, wenn es darum ging, Verständnis für sein verstörendes Verhalten zu wecken. Trotzdem, irgendwann war er kaum noch gesellschaftsfähig. Zum Beispiel, als er begann, seinen Speichel im Mund zu sammeln und dann wahllos in die Gegend zu spucken. Sobald sie merkte, dass sich wieder einmal einiges angesammelt hatte, führte sie ihn zum Spucken an einen Grünstreifen oder Gartenzaun, einmal auch an ein Fenster, was den Protest einer Nachbarin hervorrief, die ihr Büro ein Stockwerk unter ihnen hatte und am geöffneten Fenster gearbeitet hatte. Die Spuckphase wurde nach einer Weile durch eine neue Manie abgelöst: das Anfassen. Er wollte jedem die Hand schütteln, wildfremden Menschen, gern auch kleinen Kindern, deren Mütter sich über die verdächtige Annäherung des Mannes alles andere als amüsiert zeigten. Ähnlich reagierte eine Dame, die bei einem Konzert neben ihnen saß und vor Schreck erstarrte, als er plötzlich ihren Fuß streichelte. Für diese Fälle hielt Regina ein Kärtchen parat, auf dem stand: »Bitte entschuldigen Sie, mein Mann leidet an Demenz.«

Nicht viel leichter zu ertragen war, dass er unterwegs jedes Fitzelchen von der Straße aufhob, und richtig schwer wog, dass er sich nicht mehr selbst waschen und anziehen konnte. Oft dauerte es zwei Stunden, ehe sie ihn aus dem Pyjama geholt und unter die Dusche geschoben hatte. Drängelte sie, ging gar nichts mehr. Als sie ihn am Weihnachtsabend ins Bett bringen wollte, eskalierte die Situation: Er riss die Kerzen vom Weihnachtsbaum und stopfte sich Christbaumkugeln in den Mund. Sie ging dazwischen, und da umklammerte er sie so heftig und schmerzhaft, dass sie schrie. Als er endlich losließ, rief sie ihren Bruder an, der wusste, wie es um sie und ihren Mann stand und als Arzt sofort erkannte, was zu tun war. Noch am selben Abend ließ er Bernard in die Psychiatrie einweisen. Sechs Wochen blieb Reginas Mann dort und wurde mit starken Medikamenten ruhiggestellt. So ruhig, dass er nicht einmal mehr den Kopf heben konnte, als er zu uns in die Sonnweid kam.

Inzwischen kann er es wieder. Jedes Mal freue ich mich, wenn ich durch mein Bürofenster sehe, wie er an der Hand seiner Regina durch den Garten spaziert. Oft hält er in der freien Hand eine Blume, die er aus einer Rabatte gezupft hat. Vielleicht ein Reflex aus seiner Zeit als emsiger Hobbygärtner, vielleicht auch eine ferne Erinnerung an die galante Begrüßungsgeste, die er ihr gegenüber sicher oft zelebriert hat. Ich frage nicht. Ich glaube, er tut es einfach, auch wenn er den Grund dafür vergessen hat, denn Erinnerung und Vergessen sind ein ungleiches Geschwisterpaar, das zusammengehört, weil keines ohne das andere sein kann.

Warum also über die Gründe spekulieren, die Bernard bewegt haben, seiner Liebsten eine Blume zu schenken? Reicht es nicht, dass er es einfach getan hat? Während unseres gesamten Lebens erinnern und vergessen wir. Manchmal ist Erinnern ein Segen und Vergessen ein Fluch. Von Jean Paul stammt der Satz, dass die Erinnerung das einzige Paradies ist, aus dem wir nicht vertrieben werden können. Doch ob unser Leben tatsächlich ein Paradies war, hängt davon ab, wie wir das Erlebte bewerten. Die zeitliche Distanz beeinflusst unsere Erinnerung sehr. Liegt ein Ereignis weit zurück, ist plötzlich alles gut oder schlecht. Die Undifferenziertheit nimmt zu, einzelne Erlebnisse werden unverhältnismäßig stark gewichtet. Eine intensiv erlebte Kriegskameradschaft kann zum Beispiel dazu führen, die Militärzeit zu verklären. Erinnerungen zu beschönigen kann auch eine unbewusste Strategie sein, um mit schmerzvollen Erfahrungen der Kindheit umzugehen. Die Meinung, eine Ohrfeige habe noch niemandem geschadet, könnte Ausdruck dieser Haltung sein. Umgekehrt werden Erlebnisse manchmal pauschal negativ bewertet, obwohl sie nicht nur negativ erlebt wurden. Oft anzutreffen ist dieses Phänomen, wenn es um das Verhältnis des Einzelnen zu Kirche und Religion geht. Da wird aus der aktuellen Haltung heraus das früher positiv Erlebte nur noch schlecht bewertet. Und kann eine rigorose Ablehnung nicht gerade die Gefahr ausdrücken, die das Abgelehnte für mich darstellt? Signalisiert zum Beispiel Wut auf Homosexuelle möglicherweise die Angst, selbst homosexuell zu sein? Auch die Aussage »Das werde ich nie vergessen« ist Ausdruck eines starken Gefühls. Aber steht nicht auch die Angst dahinter, dass ich es dennoch vergesse und dass letztlich alles vergänglich ist? Wir alle wissen, dass wir vergessen können. Wir fürchten, dass wir prägende Erinnerungen vergessen. Und wir alle wünschen uns manchmal, dass wir vergessen könnten.

Eine Demenz wird vor allem am Vergessen gemessen, viel weniger an den oft deutlich sichtbaren Verhaltensstörungen. Warum wird versucht, diesem Vergessen mit allen Mitteln entgegenzuwirken? Kann der Verlust von Erinnerungen nicht vielleicht auch zu paradiesischem Erleben führen? Kann Vergessen nicht auch Distanz schaffen zu dem, was als nicht erinnerungswürdig empfunden wird? Menschen mit Demenz leben im Hier und Jetzt, wobei oft unklar ist, wann in ihrem bisherigen Leben ihr Hier und Jetzt angesiedelt ist. Wir Gesunden leben selten im Hier und Jetzt. Wir lenken uns mit immer mehr Geräten und Medien davon ab. Zum Beispiel, wenn wir einen Sonnenuntergang auf Facebook posten oder in der Pause eines Konzerts unseren Maileingang checken. Die Fähigkeit zu planen, macht es uns möglich, uns mit der Zukunft zu befassen und sie zu gestalten. Vielleicht wirkt es deshalb so bedrohlich auf uns, wenn Menschen nur im Hier und Jetzt leben, weil es uns zum einen zeigt, wie wenig wir das können, zum anderen, dass wir die Erinnerung nicht brauchen, um Mensch zu sein?

Da wir die Möglichkeit des Erinnerns so hoch bewerten und den Auswirkungen der Erkrankung deshalb oftmals hilflos gegenüberstehen, setzen wir – Betreuer wie Angehörige – die Bemühungen im Umgang mit Dementen oft dort an, wo sie uns am sinnvollsten erscheinen. Wir bewerten Lebensereignisse auf unserer eigenen Skala, teilen sie auf in die guten und die schlechten. Und dann zeigen wir alte Fotos, singen alte Lieder, schauen alte Filme, weil wir meinen, was uns gefällt, wird auch den demenzkranken Menschen gefallen.

Die Begegnungen mit dementen Menschen sollen aber Beziehung fördern, und zwar im Hier und Jetzt. Sie sollen

Partnerschaft erlebbar und spürbar machen. Dazu braucht es keine Erinnerung, sondern zwei Menschen, die sich wahrnehmen – wie im Fall von Bernard Berger und seiner Regina. Es zählt allein, dass er ihr das Blümchen überreichen wollte, und nicht, dass er gleich nach dem Rausrupfen vergessen hat, es zu tun.

Jeden zweiten Tag besucht sie ihn und verbringt den Nachmittag mit ihm, das Paar gehört damit fast schon zum Erscheinungsbild unseres Heims. Ein rührendes Bild, in dem sich andeutet, dass ein liebevolles Zusammenleben auch mit Demenz möglich ist.

»Sprechen kann er nicht mehr. Aber Küssen, das geht noch«, erzählte Regina, als ich den beiden neulich über den Weg lief. Und in der Tat, es ging noch!

In wissenschaftlichen Studien heißt es, dass unser Tun und Lassen nur zu einem Drittel vom Bewusstsein gesteuert wird. Zwei Drittel unserer Entscheidungen treffen wir unbewusst, aus dem Bauch heraus. Bei einem dementen Menschen schwindet die rationale Urteilsfähigkeit im selben Maße, wie sein unbewusstes Handeln zunimmt. Wenn er auch nicht mehr die Uhr ablesen kann, nicht mehr spricht und die Orientierung verliert, so bleibt ihm doch die Fähigkeit zu lieben und Liebe zu empfangen. Ja, ich glaube sogar, dass ihn diese Gefühle, darunter Ängste, Trauer und Schmerz, mehr bewegen als den Gesunden. Um einem Menschen, der an Demenz erkrankt ist, gerecht zu werden, bleibt deshalb nur der Weg über die Emotionen. Wir müssen seine Gefühlswelt ansprechen, nicht die Verstandesebene. Das gilt immer, nicht nur für die Angehörigen, sondern auch für uns, und besonders für den Anfang unserer Beziehung, die Ankunft.

Keiner will ins Heim. Wer dann doch reinkommt, ahnt, dass er es erst nach seinem Tod verlassen wird. Deshalb empfinden viele Kranke den drohenden Verlust ihrer Autonomie und der eigenen vier Wände als Schritt in eine Welt, auf die das geflügelte Wort aus Dantes *Göttlicher Komödie* zu passen scheint: »Wanderer, der du hier eintrittst, lass alle Hoffnung fahren!«

Unter diesen Voraussetzungen fällt es schwer, einem Menschen klarzumachen, dass es keine andere Möglichkeit als diesen Schritt gibt. Bei Kranken, die noch kognitiv folgen und somit für sich selbst entscheiden können, finde ich meist ein offenes Ohr, wenn ich gestehe, dass auch ich niemals ohne Not in ein Heim gehen würde. Aber noch sei der Betreffende ja in der Lage, selbst über seine Zukunft zu bestimmen. Wie wär's, wenn er zunächst einmal ein paar Wochen testen würde, ob er's bei uns aushält. »Machen Sie drei Wochen Ferien unter unserem Dach. Wenn Sie wollen, bleiben Sie, wenn nicht, gehen Sie wieder heim.«

So gut wie immer wird dieses Angebot, das den Betroffenen die Entscheidungsfreiheit lässt, angenommen, und fast ausnahmslos führt es dazu, dass er oder sie bleibt. In all den Jahren haben es sich nur zwei Ankömmlinge anders überlegt. Die Gründe liegen auf der Hand. In der Obhut professioneller Betreuer, die den Menschen spüren lassen, dass er willkommen ist, und in der Gesellschaft von anderen, die in einer ähnlichen Situation sind, reduziert sich der Stress, der zu Hause auf ihm gelastet hat. Meist erübrigt sich die obligatorische Frage am Ende der Probezeit, ob man denn bleiben wolle. Nur Herr Wehrle war sich nicht sicher und bat darum, sie zu verlängern. Ich stimmte zu, mit dem Ergebnis, dass er alle paar Wochen oder Monate wieder verlängerte. Bis zu seinem Tod.

Schwieriger war es, Herrn Berg zu halten. Als er kam, war er im Grunde nicht bereit, bei uns einzuziehen. Er lebte allein und spürte vielleicht, dass ihn die Demenz über kurz oder lang zu einem Pflegefall machen würde. Seine Kinder suchten einen Platz für ihn, weil es zu Hause nicht mehr ging. Sie brachten ihn am Morgen, umarmten ihn zum Abschied und fuhren, wie abgemacht, in die Ferien. Alles schien so weit gut, bis er am Nachmittag sagte: »Ich will heim.« Es half nicht, dass ihn die Pflegerin bat zu bleiben, auch von der Stationsleiterin ließ er sich nicht erweichen, ebenso wenig von der Leiterin des Pflegedienstes. Schließlich saßen wir zu fünft um Herrn Berg herum, der sichtlich angespannt war, zunehmend aggressiver wurde und immer wieder verlangte, nach Hause gehen zu können. Aber sein Zuhause gab es nicht mehr, und die Kinder fuhren bereits dem Mittelmeer entgegen. Was tun? Die einzige Alternative wäre gewesen, ihn am Abend in die Psychiatrie einzuweisen, wo er in einer geschlossenen Station mit starken Medikamenten beruhigt worden wäre. Das wollte ich ihm ersparen. Also sagte ich, wir gehen jetzt spazieren, um ihn aus dieser Runde zu holen, in der fünf Leute auf ihn einredeten. Marschieren hilft, ich marschiere auch immer alles weg, wenn ich gestresst bin.

Er kam bereitwillig mit. Er wollte zum Bahnhof, und ich sagte ihm, ich würde mitgehen. Wir steuerten zunächst tatsächlich diese Richtung an.

»Haben Sie ein Taschentuch für mich?«, fragte er nach einer Weile.

»Ach, Ihre Nase läuft. Dagegen habe ich ein gutes Mittel«, antwortete ich und drückte ihm nicht nur mein Taschentuch in die Hand, sondern auch die Beruhigungspille Lorazepam, die er im Heim strikt verweigert hatte.

Ich fühlte mich nicht besonders edel, als er das Mittel gegen Angstgefühle und Schlafstörungen schluckte, denn schließlich lief mein Manöver auf eine Täuschung hinaus. Immerhin gilt in der Sonnweid der Grundsatz, Patienten nicht anzulügen. Doch ich hatte das Für und Wider abgewogen und entschieden, dass in diesem Fall die Täuschung das kleinere Übel war, als den Mann in die Psychiatrie abzuschieben, wo man ihn dauerhaft und mit noch erheblich stärkeren Mitteln als dem relativ harmlosen Lorazepam ruhiggestellt hätte. Außerdem hätten wir mit diesem Schritt jeden Ansatz eines Vertrauens im Keim erstickt. Lügen bleiben bei uns weiterhin verboten, aber auch Dogmen, die das Wohl des Patienten missachten. Das ist im Einzelfall eine schwierige Entscheidung, die ethische Fragen berührt. In einem späteren Kapitel werde ich ausführlich auf unser Ethikkonzept eingehen, das jeden Mitarbeiter verpflichtet, sich für solche Handlungen zu rechtfertigen.

»Ich bin müde«, sagte Herr Berg schließlich.

»Ich auch«, sagte ich. »Aber hier kenne ich mich aus, und in der Nähe gibt's ein Haus, in dem wir uns ein wenig ausruhen können.«

Er war einverstanden, merkte auch nicht, dass ich ihn zurück ins Heim lotste, wo wir uns zu den Mitbewohnern setzten, die sich zum Abendbrot eingefunden hatten.

In dieser Umgebung entspannte er sich, es schmeckte ihm, und schließlich sagte er: »Ich will ins Bett.« Danach war der Wunsch, nach Hause zu gehen, kein Thema mehr. Herr Berg hatte offensichtlich einen Ort gefunden, an dem er sich zu Hause fühlte. Er lebte zweieinhalb Jahre bei uns, bevor er starb.

Wie alle Menschen, die zu uns kommen, brachte auch Herr Berg seine Geschichte mit. Wir erfuhren von seinen Kindern, dass er ein tüchtiger Bäckermeister gewesen war, kannten seine Hobbys, was er am liebsten aß und was er verschmähte, welche Musik er gern hörte und vieles mehr. Wir erfassen diese Details in einem Fragebogen, sind uns jedoch bewusst, dass sie durch den subjektiven Filter der Angehörigen gegangen und nur begrenzt verlässlich sind. Uns stellt sich immer wieder die Frage, ob diese Informationen relevant für die Betreuung des Betreffenden sind. Warum ist es so wichtig, ein Verhalten zu erklären? Reicht es nicht, das Hier und Jetzt zu bejahen? Es darf nicht von Erzählungen

Angehöriger abhängig sein, ob man einen Menschen sorgsam behandelt.

Um zu verstehen, warum Herr Berg unbedingt wieder nach Hause wollte, führt es sogar eher in die Irre, wenn wir im Fragebogen nachschlagen, wie seine Wohnung ausgesehen hat, und dann versuchen, uns bei der Einrichtung seines Zimmers danach zu richten. Im Verlauf seiner Krankheit nimmt der demente Mensch zunehmend Abschied von der erlebten Welt früherer Jahre. Seine Wertvorstellungen ändern sich, im Fall von Herrn Berg gewann auch der Begriff des Zuhauses eine neue Bedeutung. Der Autor Arno Geiger hat diese Wandlung am Beispiel seines dementen Vaters einfühlsam und anschaulich geschildert: »Wenn er sagte, dass er nach Hause gehe, richtete sich diese Absicht in Wahrheit nicht gegen den Ort, von dem er wegwollte, sondern gegen die Situation, in der er sich fremd und unglücklich fühlte. (…) Als Heilmittel gegen ein erschreckendes, nicht zu enträtselndes Leben hatte er einen Ort bezeichnet, an dem Geborgenheit möglich sein würde, wenn er ihn erreichte. Diesen Ort des Trostes nannte der Vater *Zuhause*. Der Gläubige nennt ihn *Himmelreich*.«[1]

Ein Himmelreich, das haben wir in der Sonnweid sicher nicht zu bieten. Es reicht, dass sich unsere Schützlinge geborgen fühlen. Empathie bewirkt dabei weit mehr als ein Halbwissen über ihre Vergangenheit. Ob wir sie verstehen oder nicht, spielt keine Rolle.

Man sieht nur mit dem Herzen gut.

Ein Anfang mit Hindernissen

Wie aus einer Verwahranstalt das erste Heim für demente Menschen wurde

Jedes Mal, wenn ich durch die Sonnweid gehe, begegne ich Frau Steffen. Meist sitzt die kleine, rundliche Frau an einem Tisch im Aufenthaltsraum ihrer Abteilung, die Hände im Schoß, den halb blinden Blick auf ein fernes, nur ihr vertrautes Ziel gerichtet. Sie redet nicht mehr und bekommt kaum noch mit, was sich Patienten und Betreuer um sie herum erzählen. Sie rührt sich auch nur, wenn sie sich zu dem Kaffeebecher hinunterbeugt, der immer am Boden neben ihrem rechten Fuß steht. Sobald sie ein Schlückchen getrunken hat, stellt sie ihn wieder dorthin zurück, legt die Arme auf den Tisch, bettet den Kopf darauf und schlummert ein.

Frau Steffen ist fünfundneunzig Jahre alt und eine Konstante meines Berufslebens. Ich lernte sie kennen, als ich mich im Jahr 1985 auf den Posten des Heimleiters in der Sonnweid bewarb. Das Haus am Rande der Stadt Wetzikon bei Zürich beherbergte außer ihr noch sechzig andere chronisch psychisch kranke Frauen. Den ersten von ihnen begegnete ich, als ich den Eingang zum Heim suchte. Sie standen stumm und reglos hinter dem mannshohen Zaun, der das Haus umgab, hatten die Finger in den Maschendraht gehakt und starrten mich an.

Nachdem ich die Haustür gefunden und geklingelt hatte, geschah eine lastende Weile nichts. Ich klingelte erneut, und nach einer Ewigkeit öffnete sich ein Türspalt, durch den mich ein Auge fixierte. Als die Tür langsam aufschwang, entdeckte ich, dass das Auge zu einer Frau gehörte, die nur noch dieses eine besaß. Hinter ihr standen im düsteren Flur zwei hagere Gestalten, die einer schwarzen Messe entsprungen zu sein schienen.

»Was wollen Sie?«, fragte die Einäugige nuschelnd.

»Der Herr Boucard erwartet mich«, antwortete ich.

Wieder dauerte es eine Weile, ehe sich die drei rührten. Schließlich schlurften sie voran, so dass ich in ihrem Schlepptau einen vorläufigen Eindruck meines künftigen Arbeitsfeldes gewinnen konnte. Ein Armenhaus war dieses marode, total heruntergewirtschaftete Heim. Es diente nur noch als Abstellgleis für einen Haufen verlorener und verwirrter Seelen: Schizophrene, Manisch-Depressive, Schwachsinnige in allen Stadien einer meist unbehandelten Senilität, viele von ihnen lahm, blind, taubstumm und günstig entsorgt.

Der Anblick kranker Menschen war mir seit meinem Zivildienst und der Arbeit als Pfleger in verschiedenen Kliniken und Notaufnahmen vertraut, er schreckte mich nicht. Doch die Atmosphäre unter diesem Dach war bedrückend. Es stank nach altem Urin. Wie in einem düsteren Wartesaal hockten

Patientinnen auf langen Bänken entlang den Wänden oder in irgendwelchen Ecken und Winkeln herum, taten- und teilnahmslos. Unter ihnen auch Frau Steffen, von der ich später erfuhr, dass sie schon seit mehr als einem Vierteljahrhundert in diesem Heim lebte, meist am selben Tisch im Aufenthaltsraum sitzend, die Kaffeetasse neben dem rechten Fuß.

Abgesehen von den Pflegerinnen und Pflegern, die vorbeihuschten, gehörten die drei Frauen meines Empfangskomitees zu den wenigen mobilen Bewohnerinnen des Heims, die hier Insassen genannt wurden. Noch wusste ich nicht, dass die beiden Gefährtinnen der Einäugigen taubstumm waren und sie jedes Mal begleiteten, wenn es an der Haustür klingelte. Ob Lieferant oder Krankenträger, Postbote oder Besucher, jeder wurde von der Troika begrüßt.

Im Büro, zu dem sie mich geführt hatten, wartete René Boucard, der damalige Verwalter und heutige Besitzer des Heims. Er galt als versierter Steuerberater, der neben anderen Mandanten auch Ärzte betreute. Schon bei diesem ersten Gespräch mit ihm lernte ich eine seiner herausragenden Eigenschaften kennen: Bei allem geschäftlichen Geschick, das ihn auszeichnet, ist er ein Menschenfreund. Geld zu verdienen ist für ihn zwar wichtig, aber kein Selbstzweck, womit wir uns schon mal auf einer Ebene trafen.

Ein Zeichen dieser Haltung war, dass er das marode Heim später für fast zwei Millionen Schweizer Franken kaufte, um es zu sanieren. Ihm war klar, dass ihn diese Aufgabe noch einiges mehr kosten würde, allein die nötigsten Reparaturen und Umbauten würden siebenstellige Summen verschlingen. Ebenso wichtig war ihm, eine Person zu finden, die sich stark genug fühlte, zu so einer Aufgabe ja zu sagen. Emerita Fischer, die das Heim zuletzt geleitet hatte und froh war, in Pension gehen zu dürfen, hatte auf verlorenem Posten gestanden.

Keine Frage, das Heim bildete einen Schandfleck in der gutbürgerlichen und wohlhabenden Gemeinde Wetzikon. Sein schlechter Ruf besaß sogar eine Tradition, die bis zur Mitte des 19. Jahrhunderts zurückreichte, als das Heim noch Pfrundweid hieß und hundert Jahre lang als »Verwahranstalt für Frauen und gefährdete Mädchen« diente. Wie die Ortschronik von Wetzikon berichtet, nahm sie »alle jene kranken, siechen und armen Menschen auf, welche von der Gemeinde, der Gesellschaft ausgestoßen sind. Es gibt zu essen, man beschäftigt sie nach Möglichkeit und straft sie, wenn sie unartig sind oder das Bett nässen.«

Erst als die Gesundheitsbehörde im Jahr 1957 »unhaltbare Zustände in pflegerischer und hygienischer Hinsicht« aufgedeckt hatte, trat Besserung ein. Fritz Geiger übernahm das Haus, taufte es auf den freundlichen Namen Sonnweid und investierte das Notwendige, um den gesetzlichen Minimalanforderungen zu genügen. Nach seinem Tod übernahm René Boucard 1983 die Verwaltung und vertrat die Witwe Geiger als rechtmäßige Erbin.

»Was für ein Skandal!«, sagte Boucard.

»Aber auch was für eine Aufgabe!«, antwortete ich.

Damit schien alles klar zu sein. Dennoch bewegte mich insgeheim die Frage, warum er ausgerechnet auf einen wie mich gekommen war. Schließlich brachte ich keinerlei Erfahrung als Heimleiter mit, war zudem erst neunundzwanzig Jahre alt. Vielleicht war es ja gerade das, spekulierte ich. Dieser Job verlangte einen jungen, belastbaren Typ, der bereit war, die Ärmel hochzukrempeln. Wahrscheinlicher ist, dass sich keine bessere Alternative geboten hatte, denn andere Bewerber waren sicher nach der ersten Besichtigung des Heims gleich wieder rückwärts rausgegangen. Es war mir egal. Die Aufgabe reizte mich, selbst auf die Gefahr hin, dass man mich nur als Notnagel einschlagen würde. Ich suchte ja schon länger einen Posten, auf dem ich eine umfassendere Verantwortung als die eines Pflegers zu tragen hätte. Nicht dass ich mit meiner bisherigen Tätigkeit unzufrieden gewesen wäre, im Gegenteil. Diesen Beruf hatte ich schon vor zehn Jahren während meines Zivildienstes beim Roten Kreuz als Berufung entdeckt.

Das blieb auch so, nachdem ich 1980 aus meiner Schwarzwälder Heimat in die Schweiz übergesiedelt war. Schon bei meiner ersten Stellung in der Uniklinik in Zürich erfuhr ich, dass Pfleger dort ein erheblich höheres Ansehen als in Deutschland genossen und entsprechend höher entlohnt wurden. Neu für mich war auch, dass junge Schweizer Pflegende häufig in andere Kliniken wechseln, um Erfahrungen zu sammeln und zu verhindern, in Routine zu erstarren. So hielt ich es, nachdem ich fünfzehn Monate im Züricher Universitätsspital gearbeitet hatte und danach ins Stadtspital Triemli auf die Notfallstation wechselte, wo ich über drei Jahre blieb und eine zusätzliche Ausbildung in der Notfallpflege machte. 1984 wechselte ich auf die Innere Medizinische Abteilung des Spitals in Wetzikon, war dort aber sehr unglücklich mit all den chronisch kranken alten Leuten. Ich wohnte damals schon mit meiner Frau, die unser erstes Kind erwartete, in einem alten Bauernhaus nahe Wetzikon. Wir heizten mit Holz, ernteten Karotten, Erdbeeren und Äpfel aus dem bunt verwilderten Garten und blickten an klaren Tagen auf schneeschimmernde Alpengipfel.

Endlich bot sich mir die Chance, Verantwortung zu übernehmen. Für immerhin rund hundert Menschen: sechzig kranke Frauen im Alter von vierzig bis neunzig Jahren und vierunddreißig Mitarbeiter.

Eine meiner ersten Amtshandlungen bestand darin, die Hälfte der Belegschaft vor die Tür zu setzen. Es musste sein, obgleich es auch einige Pflegende betraf, die mit den Patientinnen durchaus einfühlsam und freundlich umgingen – sofern sie nicht gerade mal wieder blau waren oder blaumachten. Die Crux war, dass aus Kostengründen oder weil man kein anderes Personal gefunden hatte, ein Teil der Angestellten aus den Reihen ehemaliger Junkies und Alkoholiker rekrutiert worden war.

Der miese Ruf des Heims erschwerte natürlich die Suche nach neuen Kräften, deshalb blieb mir zunächst gar nichts anderes übrig, als mit anzupacken. Der Einsatz war kein Opfer für mich, sondern eine Gelegenheit, das Haus von innen heraus kennenzulernen. Das ist ja das Schöne am Pflegeberuf, dass er eine starke soziale Bindung an die Patienten erfordert und ermöglicht. Die langjährige Arbeit in Kliniken und Notaufnahmen hatte mich immer wieder nah an Menschen herangeführt und dabei nicht nur an ihre Leiden, auf die sich Ärzte in den meisten Fällen konzentrieren müssen. Natürlich gehört auch das Handwerkliche dazu, Katheter und Verbände anlegen, das mag und kann ich. Aber am wichtigsten ist der Kontakt, den man zum Patienten aufbaut. In der Notfallambulanz währt er meist nur kurz. Da ging es manchmal an einem Vormittag quer durch alle möglichen schweren und leichten Fälle: vom Herzinfarkt über einen Schnitt in den Finger bis zum Beckenbruch und der Mittelohrentzündung eines Kleinkinds. Auch bei solch relativ kurzen Kontakten bildet der Pflegende eine Art Scharnier zwischen allen Beteiligten, zwischen Ärzten, Patient und oft auch den Angehörigen. Einfühlung und Fingerspitzengefühl sind dafür unerlässlich, kommunikativ, gut organisiert und nervenstark muss man in diesem Job sein.

Schon bei meiner ersten Station als Pfleger in der Uniklinik Zürich half ich oft auf der Verbrennungs-Intensivstation aus und hatte dort mit Patienten zu tun, die bis zu einem Jahr dort liegen mussten. Darunter Menschen mit schweren Verbrennungen, die man nur mit größter Vorsicht und Behutsamkeit behandeln durfte, weil sie absolut steril bleiben mussten. Mit Menschen umzugehen, die praktisch unberührbar und damit total isoliert sind, dazu gehört mehr als nur eine korrekte klinische Versorgung. Allein schon das Gefühl, in jeder Situation und bei jeder körperlichen Funktion von Helfern abhängig zu sein, kann deprimieren. Wie im Fall des Patienten, der mit seinem Gleitschirm abgestürzt war und sich dabei beide Hände gebrochen hatte. Wie ein Baby gefüttert und gewaschen zu werden nahm er noch hin. Schwerer zu ertragen war für ihn, dass ich ihm auch auf der Toilette zur Hand gehen musste. Wenn es gelingt, dass sich ein Patient ohne seelische Bauchschmerzen auch in intimen Momenten helfen lässt, dann ist das gute Pflege.

In den drei Monaten nach Dienstantritt lernte ich, wie Pflege in der Sonnweid bisher ausgesehen hatte. Im Großen und Ganzen entsprach sie dem Muster, das in vielen Krankenhäusern und Altenheimen bis heute den Tagesablauf bestimmt. Er richtet sich nicht etwa nach den Bedürfnissen der Patienten und Bewohner, sondern zwingt ihnen die Bedingungen des Hauses auf, indem man sie wie Schachfiguren in einem vorgegebenen System positioniert. Auch in der Sonnweid begannen wir anfangs, auf der Pflegestation morgens um halb fünf zu wecken und zu waschen, damit jede Patientin um sieben in Lehnstuhl oder Bett zum Frühstück platziert und das Pflegeziel erreicht war: warm, satt, sauber. Nach ähnlichem Muster war der Rest des Tages getaktet. Ob Bettenmachen, Essenszeiten oder Nachtruhe, alles lief wie am Schnürchen ab, und jeder war eingebunden. Ob er wollte oder nicht.

Ich war nie einer, der für sein Tun und Lassen irgendwelche langfristigen und starren Konzepte entwickelt hat. Mir liegt es eher, aus Erfahrungen im Umgang mit Menschen zu entscheiden. Veränderungen herbeizuführen, Missstände abzuschaffen, Auswege zu finden, das war schon immer das Werk von Unzufriedenen. In der Sonnweid störte mich speziell die Praxis, alle Patienten über einen Kamm zu scheren. Wäre es nicht menschlicher, fragte ich mich, die Regeln eines Heims nach den Bedürfnissen seiner Bewohner auszurichten, statt sie in die Zwangsjacke des hauseigenen Systems zu stecken? In der damaligen Sonnweid drängte sich diese Frage auf. Denn die Bewohnerinnen bildeten eine gemischte Gesellschaft aus verschiedenen Altersstufen und Krankheiten. Es gab Frauen, die wir rund um die Uhr im Bett versorgen mussten, aber auch Patientinnen wie meine Troika, die noch recht gut zu Fuß waren. Innerhalb dieser Gruppe gab es körperlich Behinderte, wie Taubstumme und Blinde, daneben psychisch Kranke, wie Manisch-Depressive oder Schizophrene, und nicht zuletzt Demente in verschiedenen Phasen ihres Leidens.

Zu den Pflichten, die ich bis heute von jedem Mitarbeiter in einem Heim einfordern würde, gehört es, allen Bewohnern auf Augenhöhe zu begegnen, ihre Eigenheiten zu akzeptieren und sie als Persönlichkeit zu respektieren. Das fällt nicht jedem leicht, schon gar nicht in Konfliktsituationen, die sich immer dann ergeben, wenn Menschen eng zusammenleben. Ein kaum zu lösendes Problem, das sich in der Sonnweid zeigte, waren die Konflikte der Patientinnen untereinander. Ich merkte sehr bald, dass Auseinandersetzungen besonders krass zwischen den Menschen mit und ohne Demenz auftraten. Das passiert in allen Heimen, in denen demenzkranke

Menschen gemeinsam mit Nicht-Dementen betreut werden. Zum Beispiel, wenn ein dementer Patient sein Gebiss aus dem Mund klaubt und es im Suppenteller seines Tischnachbarn versenkt. Der Betroffene, ein betagter Herr mit untadeligen Manieren, beschwert sich lauthals. Ein Pfleger versucht zu beschwichtigen. »Haben Sie halt ein bisschen Verständnis für den Herrn, er hat Demenz«, sagt er. »Sie könnten ja auch mal so werden.« Damit zeigt der Pflegende wenig Verständnis für die Situation des Gesunden und schafft das Problem nicht aus der Welt. Im Gegenteil. Denn jetzt ist es das »Opfer«, das sein Verhalten gegenüber dem unmanierlichen Tischnachbarn ändern soll, statt umgekehrt. Die Lösung des Konflikts liegt also nicht mehr bei dem Menschen, dem die Anstandsregeln abhandengekommen sind, sondern bei ihm, der sie noch kennt. Wiederholen sich solche Situationen, staut sich Ärger auf, bis einer dem anderen seinen Krückstock auf den Kopf haut.

Schon als Rettungssanitäter in meiner Zivildienstzeit hatte ich erlebt, dass verzweifelte Menschen demente Angehörige in der Notaufnahme ablieferten, weil sie mit den hilflosen, heillos verwirrten und zuweilen aggressiven Familienmitgliedern nicht mehr zurechtkamen. Jahrelang war es gutgegangen, nun eskalierte die Situation. Aber es gab keinen angemessenen Ort für diese Menschen. Weder im Krankenhaus noch im Altenheim und auch nicht in der Psychiatrie, wo man sie in der Regel einfach nur mit Medikamenten ruhigstellt. Was sonst soll man mit Patienten anfangen, die kaum noch mit Nicht-Dementen kompatibel sind?

In den ersten Monaten, die ich in der Sonnweid verbrachte, lernte ich ziemlich viele ihrer Verhaltensweisen kennen, die mir bis heute täglich bestätigt werden: Der demente Mensch ist der Staatsfeind Nummer eins in allen Altersheimen. Ein Anarchist, der Normen verweigert, sich querstellt, boykottiert, schreit und schweigt aus Gründen, die nur er kennt. Er ist schamlos, offen und zugleich verschlossen. Ein Störenfried, der sich nichts sagen lässt und das Chaos zur Norm erhebt. Er stellt neue Normen auf und verändert sie sekündlich.

Am Ende meiner Probezeit lud mich René Boucard zu einem Dinner im Restaurant »Zum Raben« ein, eine der feinsten Adressen der Altstadt von Luzern. Während Boucard die Speisekarte studierte, musterte ich ein wenig ratlos das dreifache Arrangement der Messer, Gabeln und Löffel, das mein Gedeck rahmte.

Die Qual der Wahl für das richtige Besteck trat in den Hintergrund, als wir zur Sache kamen. Boucard hatte mich in seiner Funktion als Verwalter in den vergangenen Monaten regelmäßig in der Sonnweid besucht, er kannte den aktuellen Zustand des Heims, in dem sich schon einiges geändert hatte. Gewiss, keine großartigen Neuerungen, aber doch ein paar Anschaffungen und Maßnahmen, die den Patienten zugutekamen, wie extra weiche Unterlagen gegen das Wundliegen unserer bettlägerigen Patientinnen. In allen Räumen hatte ich Dimmer für die Beleuchtung installieren lassen, und das Essen musste nicht mehr aus Alu-Behältern gelöffelt werden, sondern kam in Glasschüsseln und normalem Geschirr auf den Tisch. Schon diese Kleinigkeiten hellten die Atmosphäre ein wenig auf, ebenso die Gruppenausflüge mit Patientinnen, die noch mobil und aufnahmefähig waren. Ob es zum Beerenpflücken im Garten eines Nachbarn ging oder zu einer Kunstausstellung in die örtliche Waldorfschule, die Frauen zogen jedes Mal begeistert mit. Der Maschendrahtzaun um die Sonnweid bildete fortan nicht mehr das Ende ihrer Welt.

Dennoch, alle diese Maßnahmen liefen nur auf eine Schadensbegrenzung hinaus. Das Kernproblem war und blieb das Sammelsurium aus Patientinnen, die nicht zueinanderpassten. So konnte und durfte es nicht weitergehen, darin waren Boucard und ich uns einig. Was also tun? Das Heim schließen oder nach einer Alternative suchen? Ich sparte mir lange Vorreden und konfrontierte Boucard mit meinem Plan.

»Wir nehmen die auf, die keiner haben will«, schlug ich vor. »Die dementen Menschen.«

Er hatte zunächst Zweifel. »Das ist schon recht ungewöhnlich.«

»Mehr noch«, antwortete ich. »Das ist einmalig.« Ich konnte ihn rasch überzeugen. Seine Zweifel waren nachzuvollziehen. Sie hatten mich zunächst ja selbst geplagt. Denn die Idee kollidierte geradezu mit der vorherrschenden Lehrmeinung, die besagte, dass man Demente integrieren müsse und keinesfalls separieren dürfe. Alle Welt sprach schon damals von Integration, die ja auch tatsächlich segensreich wirken kann, wenn sie Außenseiter, Behinderte und isolierte Minderheiten gesellschaftlich einzubinden versteht, sei es in der Schule oder in anderen gesellschaftlichen Bereichen. Dass wir dieses Prinzip bei Dementen quasi auf den Kopf stellen wollten, erregte dann auch empörten Widerspruch in Medien und Fachkreisen. Vielfach warf man uns Ausgrenzung der Demenzkranken vor. Erst Mitte der neunziger Jahre, also volle zehn Jahre nach unserem Schritt in Richtung eines eigenständigen demenzgerechten Heims, meldeten sich vereinzelte Stimmen, die unser Projekt unterstützten. Eine davon gehörte Albert Wettstein, damals Chefarzt beim Stadtärztlichen Dienst in Zürich. Eine unter seiner Federführung entstandene Studie, die auch unsere Erfahrungen in der Sonnweid einbezog, ergab im Jahr 2005, dass Mischformen bei der Unterbringung im Fall von Demenz nicht gut funktionieren.

Der Vergleich zwischen unserem Heim, in dem zu dem Zeitpunkt schon ausschließlich Demente lebten, und einer konventionellen Einrichtung, die Patienten mit verschiedenen altersbedingten Gebrechen beherbergte, zeigte deutliche Vorteile für die Bewohner eines Hauses wie dem unseren. Unsere Patienten wirkten selbständiger, verfügten über mehr Spielräume und bewegten sich mehr, ohne dass die Zahl der Stürze angestiegen wäre. Erfreulich auch, dass sie weniger unter Schmerzen litten und entsprechend weniger Medikamente benötigten.

Auch die Pflegenden fühlten sich in Heimen wie unserem weniger stark beansprucht als in einer integrativen Institution. Das Pflegekonzept wurde zudem von den Angehörigen seltener in Frage gestellt. Fazit war, dass reine Demenzheime eine höhere Lebensqualität für die Bewohner erreichen und dass das Pflegepersonal bessere Arbeitsbedingungen hat und zufriedener ist. Inzwischen gibt es in der Schweiz viele Häuser, die unserem Vorbild gefolgt sind und ausschließlich demenzkranke Menschen betreuen. Unter den rund zwölftausend Einrichtungen in Deutschland bilden sie dagegen nach wie vor eine verschwindende Minderheit.

Aber es gab damals noch ein Problem, das mich nicht ruhen ließ. Schon bevor wir Mitte der achtziger Jahre begannen, die Sonnweid umzuwandeln, hatte es mich gestört, dass unsere Patientinnen durchweg zur absoluten Tatenlosigkeit verurteilt waren. Dabei gab es neben meiner Troika noch eine Reihe anderer Frauen, die mehr draufhatten, als von früh bis spät auf einer Bank in der Ecke zu hocken. Niemand möchte nichts zu tun haben. Egal, wie wenig er noch kann. Mit jedem Neuzugang stellte sich die Frage: Was macht die demente Frau Maier, wenn sie bei uns eingezogen ist? Die Antwort lautete jedes Mal: Sie macht nichts. Sie wird fünf Minuten nach ihrer Ankunft aufs Sofa gesetzt und bleibt dort sitzen. Bis sie stirbt.

Das konnte es doch nicht sein! Irgendwas stimmte an diesem System nicht. Auch wenn Frau Maier daheim nicht mehr alles in den Griff bekommen hatte, vielleicht immer öfter vergessen hatte, die Kochplatte auszuschalten oder schon mal ihr Gebiss im Kühlschrank deponiert oder gar den Nachttopf aus dem Fenster auf die Straße statt ins Klo gekippt hatte, vieles andere funktionierte noch. Würde ihr Mann noch leben, könnte sie zu Hause bleiben und im Rahmen ihrer Möglichkeiten einiges bewerkstelligen. Mir fiel auf, dass sich der Alltag unter unserem Dach immer nach den Schwächsten ausrichtete. Das heißt, die Mitarbeiter erledigten alles: Wäsche waschen, bügeln, zusammenlegen, Tisch decken, Betten machen. Warum bloß? Wer kognitiv und motorisch noch halbwegs fit ist, kann das doch selbst tun. Auch die Behinderten, die Gehörlosen und Schizophrenen, die damals noch bei uns wohnten. Aber aus organisatorischen Gründen erfüllte allein das Personal sämtliche Aufgaben und machte Frau Maier für den Rest ihres Lebens arbeitslos.

Die Frage, wie diese trübe Aussicht zu erhellen wäre, ließ mich nicht mehr los, verfolgte mich auf allen meinen Gängen durch das Heim und sogar bei Spaziergängen mit meinem Hund. Ich gehöre nicht zu den beneidenswerten Zeitgenossen, in die plötzlich die Erkenntnis einer Problemlösung einschlägt, bei mir dauert es oft Wochen, ehe es funkt, dann aber erschrecke ich meine Umwelt mit einem Aha-Erlebnis, das wie ein Blitz einschlägt. So geschah es auch auf einem Kongress des Schweizer Spitalverbandes in Davos, den ich besucht hatte. Weiß der Himmel, worüber dort referiert wurde, ich hörte nur mit halbem Ohr zu, immer das trostlose Bild meiner tatenlosen Schützlinge vor Augen. Und auf einmal hatte ich die Lösung. Ich packte die ahnungslose Kollegin neben mir am Arm.

»Wir machen eine Wohngruppe«, sagte ich. »Eine WG!«

Sie starrte mich entgeistert an, aber ich war nicht mehr aufzuhalten.

»Ja, eine WG. Damit geben wir den Menschen Kompetenzen zurück. Sie sollen das tun können, was noch geht. Eine familiäre Struktur mit sechs bis acht Personen in eigenen Räumen, wo wir ihnen noch eine Privatsphäre schaffen können. Und wir ersparen ihnen die Konfrontation mit dementen Menschen in der fortgeschrittenen Phase.«

Die Kollegin war die Erste, die mit meiner Idee nichts anfangen konnte, aber keinesfalls die Letzte. Für den Plan, Demente in einem eigenen Heim unterzubringen, hatte ich schon reichlich Gegenwind bekommen. Das Vorhaben, sie innerhalb dieses Heims noch einmal zu separieren, löste einen Sturm der Entrüstung aus. Da half es nicht, dass ich in einem Konzept die Vorteile auflistete – die Fachwelt tobte.

Meine Wohngruppen-Idee beispielsweise musste doch einleuchten! Gerade auch einem anerkannten Experten wie Professor Albert Erlanger vom Psychiatrischen Zentrum in Wetzikon. Im Vertrauen auf seine Kompetenz lud ich ihn ein. Und er kam, flankiert von drei Mitarbeitern. Ich legte ihnen eine Dreiviertelstunde lang mit Engelszungen meine Argumente für eine Dementen-WG ans Herz. Danach standen alle vier wie ein Mann auf und wandten sich zum Gehen.

»Lassen Sie die Finger davon«, sagte der Professor schon fast in der Tür. »Sie haben doch keine Ahnung von Psychiatrie!«

»Richtig«, antwortete ich. »Und genau deshalb mache ich das.«

Zusammen ist man weniger allein

Wohngruppen: Wie sich im Zustand der Demenz leben und lieben lässt

Natürlich hallte das Donnerwort des Professors noch eine Weile in mir nach. Was mich jedoch mehr störte, war seine Ignoranz gegenüber den Nöten dementer Menschen, die in Altersheimen und auch in seiner Psychiatrie unabhängig von Art und Grad ihrer Krankheit zusammengewürfelt wurden. Schon vor dreißig Jahren war abzusehen, dass mit allgemein zunehmender Lebenserwartung die Zahl der Dementen wachsen und sich damit auch die Notsituation in Heimen und Kliniken verschärfen würde. Das Problem war doch nicht zu übersehen! Warum suchte niemand aus der Fachwelt nach neuen Wegen? Lag der Grund womöglich gerade darin, dass die meisten Fachleute berufsblind waren? Wer nur etwas von Chemie versteht, versteht auch davon nichts, hatte schon der Physiker Georg Christoph Lichtenberg rund zweihundertfünfzig Jahre vor meiner Auseinandersetzung mit dem Professor erkannt. Ich wünschte, Lichtenbergs Geistesblitze würden die Betriebsblinden nicht nur der Seelenheilkunde erhellen und ihnen eine weitere Wahrheit nahelegen: Man muss etwas Neues machen, um etwas Neues zu sehen.

Es war durchaus nicht alles neu, was wir anfangs in der Sonnweid trieben. Auch in anderen Heimen dachte man über neue Heimstrukturen und differenzierte Behandlungen der Patienten nach. Inzwischen erwachen unsere Altersplaner allmählich zu der Einsicht, dass Demente in Altersheimen unter gewaltigem Stress stehen und alle anderen Bewohner ebenfalls unter Stress setzen. Die halbherzige Lösung, zu der sich einige Heime aufgerafft haben, besteht allerdings nur darin, wohngruppenähnliche Gebilde für zwanzig demente Patienten in zwanzig Einzelzimmern einzurichten. Solche Gruppen stoßen notgedrungen sofort an ihre Grenzen. Wenn bei einer so großen Zahl an Patienten leichte und schwere Fälle auf einer Station untergebracht werden, bleibt im Grunde vieles beim Alten: Die Bewohner werden sich selbst überlassen, Mittagessen wird nach wie vor aus der Zentralküche angekarrt, und der Hausdienst macht die Betten. Man amputiert also der Wohngruppe jede Eigeninitiative, macht eine Faust ohne Finger und wundert sich, dass die Bewohner nicht aktiviert werden können, weil die Wohngruppen zu groß sind und es zu wenige Pflegekräfte gibt.

Das wirklich Neue war, dass wir versuchten, neben den individuellen auch den sozialen Bedürfnissen unserer Bewohner gerecht zu werden und das in einem überschaubaren familiären Rahmen.

Wir hatten ja schon Aufsehen erregt, als wir Mitte der

achtziger Jahre beschlossen, die Sonnweid nach und nach in ein Heim zu verwandeln, in dem ausschließlich demente Patienten leben sollten. Nun gingen wir daran, ihnen je nach Krankheitsgrad eigene Wohnbereiche zu schaffen. In unserer Wohngruppe, die wir »Demenz-WG« nennen, lebt jeder unserer rüstigen Bewohner in einem individuell möblierten Ein- oder Zweibettzimmer und ist eingebunden in einen Personenkreis von bis zu acht Patienten. Im Mittelpunkt steht als feste Bezugsperson eine erfahrene Pflegekraft wie Peter Dolder, der zu unseren WG-Hütern der ersten Stunde gehört.

Bewusst haben wir die Wohngruppen in separaten Pavillons angesiedelt und damit von den Bereichen getrennt, in denen Patienten mit fortgeschrittener Demenz oder im Endstadium rund um die Uhr betreut werden müssen. Die Sonnweid gliedert sich also in drei Bereiche mit fließenden Übergängen: Da sind zum einen die leichteren Fälle in den Wohngruppen, die später, bei schwindender Eigenständigkeit, in den rundum beschützten Bereich des »Heims« wechseln, um schließlich im Stadium der Hilflosigkeit in die sogenannte »Oase« aufgenommen zu werden.

Die erste Wohngruppe richteten wir im Jahr 1987 ein. Wir waren inzwischen ein reines Demenzheim und hatten erkannt, dass manche Menschen noch relativ selbständig und kognitiv gut beieinander waren und sich nun einer »Normalität« anpassen sollten, die da hieß: Sofa, Toilette, Bett. Schon damals galt: Alle Konzepte, die mit dem Ziel entwickelt werden, das Leben von Kranken und Gesunden zu verbessern, greifen ins

Leere, wenn es um Demenz geht. Wir stellen immer wieder fest, dass sie in so unterschiedlichen Gestalten auftritt, wie die Menschen, die an ihr erkrankt sind. Deshalb muss man sehr genau auf die jeweiligen Bedürfnisse und Fähigkeiten der Patienten eingehen, wenn man ihnen auch im Heim die Möglichkeit geben will, Teil einer Gemeinschaft zu sein, die sie nicht überfordert oder in einer Ecke abstellt.

So gut wie jeder von uns, ob verwirrt oder nicht, wird durch das Leben im Verband einer Familie geprägt. Deshalb sollten Wohngruppen möglichst nah an familiären Strukturen ausgerichtet sein, wobei Bewohner und Pfleger räumlich, aber auch organisatorisch vom Bereich des »Heims« getrennt sein sollten, so wie in unseren Pavillons. Die Patienten sind meist zu zweit in den Zimmern untergebracht, aber wir haben auch Einbettzimmer. Unsere Erfahrung ist, dass das Zusammenwohnen die Menschen im Alltag eher entspannt und Stress bei ihnen abbaut. In diese Wohngemeinschaften passen Patienten, die noch die kognitiven Voraussetzungen besitzen, miteinander zu kommunizieren und eigenständig zu handeln, die also imstande sind, beim Einkaufen und Kochen, Waschen und Aufräumen zu helfen. Immer vorausgesetzt, dass sie es noch können und auch dazu bereit sind, was zumindest bei den Frauen oft der Fall ist. Wie wir mit den schwereren Fällen im geschützten Bereich des »Heims« und mit Patienten im Stadium der Hilflosigkeit umgehen, wird in einem späteren Kapitel geschildert.

Mit anderen zusammen zu sein gehört zu unseren Grundbedürfnissen. »Der Mensch wird nur am Du zum Ich«, sagt der Religionsphilosoph Martin Buber. »Alles wirkliche Leben ist Beziehung.«

Aber sind denn Demente überhaupt noch beziehungsfähig? Diese Spezies, die inzwischen einen Spitzenplatz im Ranking aller Unerwünschten einnimmt und vor allem als Kostenfaktor wahrgenommen wird, der unsere Gesellschaft finanziell ruinieren wird? Die Autorin Silvia Bovenschen hat dieses gesellschaftliche Schreckensbild in ihrem Buch *Älter werden* ausgemalt. Sie schreibt: »Über keine Krankheit werden so viele Witze gemacht wie über die Krankheit mit dem Namen Alzheimer. Die nackte Angst. Eine Krankheit, die zunehmend alle Erinnerungen löscht und damit das Material, aus dem wir unser Ich zwanghaft und willkürlich zugleich immer wieder erstehen lassen. Eine Krankheit, die vor dem Tod schon das, was wir unser Ich nennen, vernichtet. Wandelnde Hüllen. Ganz nah an der Idee des Gespenstes.«[2]

Entspräche dieses zugespitzte Bild der Wirklichkeit, wäre die Sonnweid also eine Art Spukschloss, von wandelnden Hüllen bewohnt. Aber so ist es nicht. Eines dieser hundertfünfzig gespenstischen Wesen wäre sonst Frau Mühleg, über die mir ihr Pfleger Peter Dolder eine ebenso amüsante wie aufschlussreiche Geschichte erzählt hat. Frau Mühleg war damals schon zweiundneunzig, hatte zwei Söhne um die siebzig und lebte seit ein paar Jahren in einer unserer Wohngruppen. Trotz ihres hohen Alters war sie körperlich noch ziemlich fit, zuweilen zwar sehr verwirrt, aber zwischendurch erwischte sie lichte Momente. Wie damals, als sich Peter Dolder am Nachmittag zu ihr auf die Bettkante setzte, um sie aus dem Mittagsschlaf zu wecken. Er tat es behutsam, denn er hatte schon öfter erlebt, dass sie dazu neigte, aus der Haut zu fahren und fürchterlich zu fluchen, wenn man sich ihr nicht in ehrerbietiger Haltung näherte. Schließlich entstammte sie einer steinreichen Schweizer Familie und hatte in einer palastartigen Villa am Zürichsee eine kleine Heerschar Bediensteter auf Trab gehalten, bevor sie in ein Zimmer unserer Wohngruppen zog. Doch nachdem der Pfleger sanft ihre Hand berührt hatte, setzte sie sich langsam auf und zeigte ihre weiche Seite.

»Es war sehr schön mit dir«, hauchte sie. »Aber ich bin schon dem Henri versprochen. Und jetzt muss ich dich verlassen.«

»Aber vorher sollten wir noch einen Kaffee trinken«, antwortete Dolder. Sie nickte und ließ sich an seinem Arm in die WG-Küche führen, lächelnd und in dem schönen Gefühl, eben noch etwas sehr Inniges aus ihrer Frühlingszeit erlebt zu haben.

In Zeiten wie diesen, in denen das Thema Demenz in aller Munde ist, wird vor allem darüber berichtet, wie schwierig es ist, mit Dementen umzugehen. In Zeitungen, Magazinen und Büchern werden Bilder von Menschen entworfen, die Monstern gleichen: gewalttätige, beißende, kratzende, schlagende, kreischende Kreaturen, betreut von inkompetenten, überforderten und hilflosen Pflegern. Mit diesen Bildern werden Emotionen geweckt, die jedes Mal in den Klageruf »Ach, wie furchtbar!« münden. Eine mediale Effekthascherei, die außer kollektiver Betroffenheit nichts verändert, aber ständig neue Verordnungen, Kontrollen und Qualitätssicherungssysteme hervorbringt. Solche Verfügungen von oben sichern und verbessern nichts, weder bei Kranken noch Betreuern. Freundlich zu sein lässt sich nicht befehlen. Demente Menschen spüren es sehr direkt, wenn Zuwendung von Amts wegen verordnet wurde und nicht von Herzen kommt – und sie reagieren, wie es sich gehört, wenn man getäuscht werden soll.

Wer mit demenzkranken Menschen und für sie lebt, erfährt sehr intensiv, dass sie alles andere als wandelnde Hüllen sind. Nichts an ihnen ist aufgesetzt, nichts unter Höflichkeit und Konventionen verborgen. Sie sind sensibel, liebevoll, charmant, offen, ehrlich, direkt, ungeschminkt. Menschen, die uns fordern, mit allen Schattierungen, die ein Menschenleben bietet. Die Verwirrtheit gibt ihnen die Chance, sich selbst ohne Hemmschwelle zu erleben. Sie haben jetzt die Möglichkeit, das lebenslang Ungesagte zu sagen, das Ungelebte zu leben. Erst die Verwirrtheit schafft Zugang zu sich selbst. Sie birgt ein großes Potential an Freiheit. Es ist alles erlaubt, Zwänge bestehen nur für die anderen. Demente Menschen brauchen sich keinen Normen zu unterwerfen, brauchen nicht zu arbeiten, stehen auf und essen, wann sie wollen, Geld interessiert sie nicht, sie haben keine familiären Sorgen, auch, weil sie vielleicht ihre Kinder nicht mehr kennen. Auch wenn die Übergänge von einer Phase zur nächsten sehr schmerzlich sein können, von einem bestimmten Punkt an ist Verwirrtheit meist nur noch ein Problem für die Mitwelt, nicht für den Betroffenen selbst.

Der Mensch besitzt Würde und hat damit das Recht auf Schutz ebendieser Würde, einfach weil er Mensch ist. Sie unterliegt keinerlei Bedingungen. Sie ist nicht abhängig davon, ob er autonome Entscheidungen treffen oder rational denken kann.

Dennoch, bei aller Empathie mit unseren Bewohnern war uns von vornherein eines klar: Absolut entspannt würde das Leben auch nicht in Gruppen und Wohngruppen ablaufen, in denen Demente desselben Schweregrades unter sich sind. Spannungen gehören einfach dazu, wenn Menschen zusammenleben. Auch als Familie. Ob dement oder normal, jung oder alt, das Wort Familienbande hat einen Beigeschmack von Wahrheit. So jedenfalls sah es der Wiener Sprachkritiker Karl Kraus, und so sehen wir es gelegentlich auch, wenn wieder mal alles andere als Friede, Freude, Eierkuchen unter unseren Bewohnern herrscht. Im Umgang mit ihnen ist zuweilen eine gewisse Entschlossenheit nötig, um die eigentlich gewünschte Gruppendynamik nicht ausufern zu lassen. In jeder WG gibt es eine Hierarchie unter den Bewohnern, und da braucht es erfahrene Pfleger, die es verstehen, bei Konflikten die richtige Mischung aus Zuwendung und Strenge walten zu lassen. Das gelingt nur, wenn man die nötige Loyalität und gleichzeitig Distanz besitzt.

Es kommt nicht allzu oft vor, dass Peter Dolder mich besucht, eher schaue ich selber mal in einer unserer Wohngruppen vorbei, die er seit zwanzig Jahren betreut. Aber vor ein paar Tagen stand er auf einmal vor mir.

»Könnte sein, dass da nachher jemand anruft und sich beschwert«, sagte er in seinem behäbigen Schweizerdeutsch.

»Was ist denn passiert?«, fragte ich.

»Ich musste kurz ein wenig laut werden in dem Laden, wo ich mit den Frauen eingekauft habe«, antwortete er.

»Erzähl!«, sagte ich, eher neugierig als besorgt, denn wenn Peter Dolder dabei ist, passiert nie etwas Schlimmes. Ungewöhnlich erschien mir nur, dass er überhaupt laut geworden war. Seitdem ich ihn kenne, bewundere ich seine Gelassenheit im Umgang mit unseren oft schwierigen Bewohnern und seine natürliche Autorität, die mit leisen Tönen auskommt, auch und gerade in Konfliktsituationen. Es dauerte eine Weile, ehe er mir in seiner bedächtigen Art den Vorfall geschildert hatte, der zu den Prüfungen gehört, die unsere Mitarbeiter täglich bestehen müssen.

Wie schon oft war er an diesem Vormittag mit einer Gruppe seiner WG in einen Supermarkt nach Wetzikon spaziert, um für das Mittagessen einzukaufen. Drei Frauen begleiteten ihn. Er wusste, dass sie körperlich noch fit waren und auch gut miteinander konnten. Sie hockten oft zusammen, hörten lustige Musik, sangen unisono dazu und tanzten manchmal sogar danach. Dass jede von ihnen gern und noch passabel zu Fuß war, hatte er bei einem Ausflug ins Tessin erlebt, wo er sie ursprünglich durch einen herbstlich bunten Kastanienwald hatte führen wollen. Doch kurz vorher verließ sie die

Wanderlust, weil so viele Blätter auf dem Boden lagen und sie diese Unordnung nicht ertrugen. Dolder weiß, wie leicht sich Demente durch solche Äußerlichkeiten irritieren und ängstigen lassen, deshalb hielt er eine Alternative bereit: den Besuch einer Schokoladenfabrik, den sein Trio sichtlich genoss.

Zum Einkauf im Supermarkt an diesem Morgen bot sich keine Alternative. Selbst wenn sie in einen anderen Laden ausgewichen wären, hätten sich die drei Frauen wohl in die Haare gekriegt. Auslöser war Frau Löhr, die sich einen Becher Joghurt nach dem anderen aus dem Kühlregal schnappte, den Deckel aufriss, den Zeigefinger hineinstach und ihn ableckte. Noch kein Grund, sich aufzuregen, obgleich es schon etwas lästig war, all die angebrochenen Becher bezahlen zu müssen. So etwas kommt vor, wenn wir mit Dementen unterwegs sind, selbst im Fall unserer Frau Löhr, die noch vor ein paar Jahren als Hauswirtschaftslehrerin gearbeitet hatte. Dass sie vom Fach war, spürte man schon an der Hingabe, mit der sie in der WG-Küche half. Keine andere konnte so geschickt wie sie Karotten schälen, sie tat es allerdings so gründlich, dass außer dünnen Streifen nichts mehr übrig blieb. Dafür war es hübsch anzusehen, wie sie die Reste zu dekorativen Mustern auf dem Tisch ordnete. Schon weil Karotten so vielseitig zu verwenden sind, gehören sie zu den Lieblingsgemüsen jeder unserer WG-Küchen. Unsere Frauen, hin und wieder auch Männer, schnippeln sie je nach Lust und Laune längs oder quer, grob oder fein. Und essen sie dann manchmal roh, kleingeschnitten und ungeschält auf.

Vielleicht schlummerte in Frau Löhr noch ein Gedanke an die berufliche Pflicht, jedes Nahrungsmittel vor dem Verzehr zu prüfen. Keiner weiß es. Zwecklos, sie daran zu hindern, also nahm ihr Peter Dolder behutsam und mit Dank den angebrochenen Joghurt aus der Hand und schob ihr den Becher zu, den sie gerade zuvor angestochen hatte. Auf diese Weise hätte er sie Schritt für Schritt, Becher für Becher zur Kasse bugsieren können, wenn sich nicht Frau Bachmann eingemischt hätte.

»Jetzt kriegt die noch einen Joghurt, wo sie doch zum Frühstück schon einen hatte!«, dröhnte sie mit einer Stimme, die verriet, dass sie einst als Sängerin die Opernhäuser der Welt beschallt hatte. Die Kunden erstarrten vor Schreck – und Frau Löhr fing lauthals an zu weinen. Peter Dolder wusste, wie sie zu beruhigen wäre. Frau Löhr weint oft, besonders oft nach dem Aufstehen. In solchen Fällen helfen meist eine warme Dusche und ein Pflaster im Nacken, das die Depressionssymptome ein wenig mildern soll. Eine Dusche hatte der Supermarkt nicht zu bieten, und zu allem Überfluss mischte sich jetzt auch noch die Dritte im Bunde ein.

»Nun weint sie. Immerzu weint sie!«, rief Frau Dudek, was den Kummer und die Lautstärke der Frau Löhr noch erhöhte.

»Da bin ich dann doch etwas laut geworden«, berichtete Dolder. »›Jetzt ist es aber genug!‹, hab ich gesagt. ›Wir sind hier doch nicht im Kindergarten!‹«

Die klare Ansage half, die drei Frauen beruhigten sich und

hatten den Zwist im nächsten Augenblick vergessen. Sollte sich der Geschäftsführer doch über die Ruhestörung in seinem Supermarkt beschweren! Ich hätte ähnlich reagiert, weil es die einzige Möglichkeit war, eine Eskalation des Streits zwischen den drei Frauen zu verhindern. Eine Stunde später saßen sie einträchtig am Küchentisch und redeten miteinander. Nicht unbedingt über ein Thema, sondern jede von etwas anderem, aber das störte sie nicht, auch nicht Peter Dolder, der in einer Schüssel den Nachtisch anrührte. Aus zehn angebrochenen Bechern Joghurt. Solche Konflikte sind allemal besser, als das Alleinsein mit apathischen Mitbewohnern, wie es in vielen Heimen an der Tagesordnung ist.

Es ist kein Zufall, dass es in Altenheimen und Einrichtungen für demenzkranke Menschen mehr Frauen als Männer gibt, bei den Bewohnern wie beim Pflegepersonal. Das liegt nicht nur daran, dass Männer im Durchschnitt eine fünf Jahre kürzere Lebenserwartung haben als Frauen, sondern auch daran, dass Frauen eher in der Lage und bereit sind, ihre Männer zu pflegen – oder sich zu diesem Dienst verpflichtet fühlen. Inzwischen liegt das Alter der Menschen, die zu uns kommen, zwischen siebzig und fünfundachtzig Jahren. Oft ist dann die Krankheit so weit fortgeschritten, dass sie nicht mehr in unsere Wohngruppen integriert werden können. Das ist dann der Fall, wenn eine höhere Pflegebedürftigkeit über längere Zeit zu erwarten ist, wenn der Kranke beim gemeinsamen Essen, im Gespräch und beim Spielen überfordert wirkt, wenn er jedes Interesse verliert, weil er nichts mehr versteht, und mit seiner Unruhe die anderen Bewohner durcheinanderbringt.

Bei Elisabeth Reichert war das zum Glück nicht der Fall. Sie war erst sechzig Jahre alt, als sie zu uns in die Sonnweid kam, dennoch wäre es besser gewesen, wenn man sie früher zu uns gebracht hätte. Die aufrechte Frau mit dem kurzen grauen Haar und einem Lächeln, das jeden sofort für sie einnahm, hatte ihre Möbel mitgebracht und den Angorakater Bärli, der innerhalb kurzer Zeit die Rolle des Hausherrn übernahm und von allen geliebt wurde. Nur die beiden Wellensittiche der Frau Meier, die neben ihr wohnte, mochten ihn nicht besonders.

Frau Reichert bezog ein eigenes Zimmer mit großen Fenstern zum Garten, der schon damals fast ein Park war. Sie fand schnell Anschluss. Bereits wenige Tage nach ihrer Ankunft sahen wir sie mit Frau Meier zwischen Blumenrabatten und Rosenhecken über die Gartenwege spazieren und hörten sie in der WG-Küche mit anderen Frauen plaudern. Wer ihre Vorgeschichte nicht kannte, hätte kaum erraten, dass es sich bei ihr und den anderen Bewohnerinnen um Menschen handelte, die demenziell erkrankt waren, zwar erst in einem frühen Stadium, aber doch schon so weit fortgeschritten, dass sie zu Hause nur noch unter erschwerten Bedingungen zurechtgekommen wären – erschwert für sich selbst, aber auch für ihre Familien. Der Fall von Frau Reichert zeigt, welche fatalen Folgen es haben kann, wenn Angehörige ihre Kräfte überschätzen.

Als sie zu uns kam, merkte man ihr schon Spuren der Krankheit an. Wenn sie Peter Dolder in der Küche zur Hand ging, zeigte sich, dass sie nur noch elementare Fertigkeiten aus ihrer Zeit als Lehrerin an einer Hauswirtschaftsschule bewahrt hatte. Schon wenn es darum ging, den Tisch zu decken, stieß sie an Grenzen. Teller für sieben Personen auf die Reihe zu bringen, schaffte sie nur mit ein paar Ausreißern zur Tischmitte hin, beim Platzieren von Messern, Gabeln und Löffeln kam sie vollends durcheinander. Kein Grund zu verzweifeln, denn alle anderen Mitglieder der Wohngruppe schafften es ja auch nicht mehr so recht, und im Übrigen lag jedes Mal alles an richtiger Stelle, wenn man sich zum Essen setzte. Kein Wunder, sondern das Werk von Peter Dolder oder einer der Teamkolleginnen, die die Sache unauffällig gerichtet hatten.

Zu einer guten Pflege gehört es, zu merken, wann man anregt und wann man überfordert. Solange Frau Reichert noch wusste, was Zahlen bedeuten, konnte man sie bitten, den Tisch für sieben Personen zu decken. Als sie vergessen hatte, woher die Teller zu nehmen waren, klebte Dolder an den Küchenschrank einen Zettel mit der Aufschrift »Teller«. Nachdem sie nicht mehr lesen konnte, reichte er ihr die Teller, die sie kreuz und quer auf dem Tisch verteilte. Als selbst das nicht mehr ging, deckte er selbst den Tisch und fragte: »Ist das so richtig?« Mit dem Ergebnis, dass Frau Reichert sagen konnte: »Ja, so ist es richtig«, und sich nicht bloßgestellt fühlte.

Wie immer hatte die Krankheit auch bei ihr unmerklich

begonnen. Es waren zunächst kleine Irritationen, die sie aus dem Konzept brachten, zum Beispiel, wenn sie im Gespräch den Faden verlor, was zu peinlichen Pausen im Unterricht führte. Oder wenn sie immer öfter Sachen verlegte, die Brille erst im Kühlschrank wiederfand und einfache Handgriffe wie das Zuknöpfen der Bluse zum Problem wurden. Sie verstand es, diese Defizite zu verbergen, vor sich selbst und anderen: dem Mann und den beiden Söhnen, den Freunden, Kollegen und Nachbarn. Bis sie eines Abends im Fernsehen eine Dokumentation sah, in der eine Psychiaterin am Beispiel einer Patientin die Symptome der Demenz erklärte.

»So etwas hab ich auch«, sagte sie zu ihrem Mann.

Der hatte wahrscheinlich schon seit längerem geahnt, dass etwas mit seiner Frau nicht stimmte, das aber, wie viele Angehörige von Dementen, nicht wahrhaben wollen. Herr Reichert war Arzt und wusste, dass in den folgenden Jahren enorme Belastungen auf sie beide zukommen würden, dennoch entschied er sich, seine Frau so lange wie möglich bei sich zu Hause zu behalten. Schließlich waren sie seit dreißig Jahren glücklich verheiratet, obgleich ihr Haus manchmal ein wenig leer wirkte, seitdem die Söhne eigene Wege gegangen waren. Umso enger fühlte sich das Ehepaar verbunden und wollte es auch bleiben, besonders in den schweren Zeiten, die vor ihnen lagen. Herr Reichert suchte und fand einen jungen Kollegen, der ihn in der Arztpraxis so weit vertrat, dass er öfter mit seiner Frau zusammen sein und ihr beistehen konnte, eine Haushaltshilfe entlastete sie beim Kochen und Einkaufen.

So weit schien geregelt, was zu regeln war, bis auf die seelischen Nöte, die sich nach und nach einstellten. Die ehemals so perfekte Hausfrau litt sichtbar unter ihren Defiziten, ertrug es nur unter Tränen, dass ihr selbst elementare Handgriffe misslangen, aber am stärksten bedrückte sie das schlechte Gewissen ihrem Mann gegenüber, der ihretwegen seinen Beruf vernachlässigte und dessen Geduld sie immer wieder strapazierte, wenn sie bei den Gedächtnisübungen versagte, die er mit ihr anstellte. Er wusste zwar, dass Demenz unheilbar ist, dennoch quälte es ihn, ihre Leiden nicht lindern zu können, die sich zudem unaufhaltsam verschlimmern würden. Immer wieder wurde ihm schwer ums Herz, wenn sie weinend in seine Arme flüchtete oder eine innere Unruhe sie nicht schlafen ließ und sie rastlos durchs Haus trieb. Schließlich fand er sich in der Rolle eines Therapeuten, der Monat für Monat, Woche für Woche, Tag und Nacht in Atem gehalten wurde, ohne Erfolgserlebnis und Hoffnung auf bessere Zeiten – bis Körper und Seele nicht mehr mitmachten und ein Herzinfarkt ihn umwarf.

Während ihm in der Kardiologie ein Bypass gelegt wurde, sprangen die Söhne ein. Sie brachten die Mutter zunächst in ein Altenheim, wo sie sich kreuzunglücklich fühlte. Der Umzug in die Sonnweid richtete sie wieder ein wenig auf, doch in den ersten Wochen fanden die Pfleger sie jeden Morgen in Tränen aufgelöst vor den Dutzenden Fotos ihrer Familie, mit denen sie ihr Zimmer ausstaffiert hatte. Porträts ihres Mannes und der beiden Söhne in allen Lebensphasen, vom

Baby- bis zum Hochzeitsfoto der inzwischen erwachsenen Jungen, bildeten eine Galerie, die vom Nachttisch über die Kommode bis an die Stirnwand reichte. Peter Dolder sah sich das eine qualvoll lange Zeit an und schritt dann zur Tat: Kurzentschlossen sammelte er alle Fotos ein und verstaute sie in einem Karton, den er den Söhnen mitgab. Was auf den ersten Blick wie eine brutale Einmischung in die Privatsphäre erscheinen mag, erwies sich als Segen. Für Bewohner, die noch einen Lebenspartner zu Hause haben, ist es besonders schwierig, im Heim zu sein. Die Bilder an der Wand erinnerten Frau Reichert an das Leben, das sie geführt hatte, also mussten sie weg. Und tatsächlich, Frau Reichert schaute auf die leere Kommode und sagte: »Danke, das ist schön so.« Von Stund an weinte sie nur noch, wenn sie Zwiebeln in der Küche schnitt.

Wir in der Sonnweid sehen es als unsere Aufgabe, immer wieder neue Ideen zu entwickeln und sie auch durchzuspielen. Im Dienst an den Menschen, die wir betreuen, gelten keine Tabus. Auch und besonders dann nicht, wenn es um Liebe und Sexualität geht. In drei unserer vier Wohngruppen geht es in dieser Beziehung zurzeit recht hoch und herzerwärmend zu. Da sieht man Pärchen, die Hand in Hand durchs Haus gehen, dicht an dicht zusammensitzen, einander streicheln und küssen. Eine besonders berührende Szene schilderte mir die Nachtschwester Bettina. Herr Nyffeler, ein adretter Herr von Anfang siebzig und sehr gebildet, was sich zeigte, wenn er über die Schätze seiner Kunstsammlung sprach – wobei er allerdings hin und wieder die Epochen durcheinanderbrachte –, hatte nach seiner Scheidung lange Jahre allein gelebt und sich nach Beginn der Demenzerkrankung mit Hilfe sozialer Dienste mehr schlecht als recht durchgewurstelt. Als das nicht mehr ging, kam er zu uns, schmückte die Wände seines Zimmers mit Lieblingsbildern seiner Sammlung – und stand zwei Wochen nach seinem Einzug mitten in der Nacht splitterfasernackt auf dem Gang.

»Kann ich Ihnen helfen, Herr Nyffeler?«, fragte Nachtschwester Bettina. »Suchen Sie vielleicht Ihr Zimmer?«

»Das nicht«, antwortete er ungerührt. »Ich such das Zimmer von Frau Becker.«

Des Menschen Wille ist sein Himmelreich, das gilt besonders für unsere Patienten. Es war außerdem nicht das erste Mal, dass Herr Nyffeler die Nähe der Frau Becker gesucht und schließlich gefunden hatte. Also führte ihn Bettina vor die richtige Tür. Er trat ein, ohne anzuklopfen, und tauchte erst zum Frühstück wieder auf. Mit Frau Becker, die fortan nicht mehr von seiner Seite wich.

In Institutionen redet man gewöhnlich nur dann über Sexualität, wenn sie stört. Wenn sie öffentlich oder nicht partnerschaftlich stattfindet oder wenn sie von der Macht des Stärkeren dominiert wird. Wo sich eine echte Liebesbeziehung zwischen gleichgesinnten Partnern anbahnt, haben wir uns rauszuhalten. In unserer Ethikkommission diskutieren wir aber zum Beispiel darüber, ob die Ehefrau, die zu Hause lebt, ihrem demenzkranken Mann im Heim verbieten darf, mit einer Mitbewohnerin anzubandeln. Sie darf es nicht. Oder ob es angemessen wäre, Herrn Gerber durch eine sogenannte Sexualassistentin befriedigen zu lassen.

Herr Gerber war in der Tat eine echte Herausforderung. Er kam quasi als Vorbestrafter aus einem Altenheim zu uns, wo er den Betreuerinnen immer wieder zwischen die Beine gegriffen, ihre Brüste betatscht und sie mit obszönen Anträgen belästigt hatte. Wir waren also gewarnt, wiegten uns jedoch in Sicherheit, weil sich Herr Gerber zunächst als charmanter und weltgewandter Herr erwies. Erst nach einigen Wochen, in denen er sich akklimatisiert hatte, begann er, sich unseren Betreuerinnen zu nähern, sah ihnen tief in die Augen und noch tiefer auf den Busen und verteilte anzügliche Komplimente an »gut gebaute« Frauen, die er bat, doch mal »oben ohne« zu erscheinen. Sie nahmen es mit Humor, wahrten aber vorsichtshalber Distanz, was leichtfiel, weil Herr Gerber im Rollstuhl saß. Probleme entstanden allerdings bei der Körperpflege. Sobald ihn die Betreuerin entkleidet hatte, zeigte er stolz seinen erigierten Penis und versuchte, sich zu befriedigen. Das misslang. Nicht etwa, weil er schon 85 Jahre alt war, sondern weil er nach einem Schlaganfall seinen rechten Arm nicht mehr bewegen konnte und dem linken das nötige Feingefühl fehlte.

Die Betreuerinnen zeigten Verständnis für die Bedürfnisse des Herrn Gerber. In der Ethikkommission war man aber zunächst skeptisch, ob und wie man ihn von seiner unerfüllten

Sexualität erlösen könnte. Schließlich wurde entschieden, dass sich eine Sexualassistentin, auch Berührerin genannt, um ihn kümmern sollte. Manche Mitarbeiterinnen konnten diesen Weg aus religiöser Überzeugung nicht unterstützen. Sie brauchten eben dann, wenn die Berührerin kam, keinen Dienst zu leisten. Auch die Kinder des Herrn Gerber zögerten eine Weile, ehe sie einwilligten.

»Er genießt diese Begegnungen«, berichtete ein Betreuer, der für ihn zuständig war. »Wir waschen ihn, bevor sie kommt. Was die zwei in seinem Zimmer machen, wissen wir nicht. Und es geht uns auch nichts an.«

Absolut unkompliziert war hingegen das Verhältnis von Herrn Dr. Kerf, einem dementen Zahnarzt aus Berlin, zu seinem Lebenspartner, der ihn jeden, aber auch wirklich jeden Tag besuchte. Regelmäßig sah ich aus meinem Bürofenster, wie das Paar Arm in Arm durch den Garten spazierte, beide Herren schon grauhaarig und ein wenig gebeugt. Nach dem Mittagessen legten sie sich in Herrn Kerfs Zimmer zum Schlafen, und weil wir es ihnen etwas bequemer machen wollten, hatten wir extra ein Doppelbett für sie bestellt. Doch Dr. Kerf starb, bevor es geliefert wurde.

Dass wir immer wieder Abschied von Menschen nehmen müssen, die uns am Herzen liegen, auch das gehört zu unserem Beruf. Da die meisten unserer Bewohner schon sehr alt sind, wenn sie zu uns kommen, geschieht das oft. Dennoch ist die Sonnweid kein Sterbehospiz. Im Gegenteil, wenn man den Kranken einen Rahmen bietet, in dem sie ihre Gefühle ausleben können, zeigen sie immer wieder, wie viel Leben noch in ihnen steckt. Nicht zu vergessen die schönste Fähigkeit des Menschen, nämlich zu lieben und sich lieben zu lassen.

Eine Heimat für Struwwelpeter

Es gibt viele unterschiedliche Formen der Demenz.
Allen gemeinsam ist,
dass mit ihr die Erinnerung schwindet

Im Zusammenleben mit demenzkranken Menschen gehört das Chaos zum Alltag. Jeden Tag stellt jeder Bewohner zu jeder Zeit eigene Regeln auf. Jede gilt nur für den Augenblick. Jeder verändert sie, wann und wie er es will. Ein Ort der heillosen Unordnung und damit auf den ersten Blick die Gegenwelt eines Gemeinwesens, in dem sich verwirrte Menschen gut aufgehoben fühlen.

Seitdem es die Sonnweid gibt, leben wir mit diesem Vorwurf, sehen aber unsere Aufgabe nach wie vor darin, nicht etwa das Chaos zu verhindern, sondern eine Struktur zu schaffen, die Chaos ermöglicht. Der Grund liegt auf der Hand: Das Verhalten dementer Menschen lässt sich nicht ändern, ändern lässt sich allein das System.

Die oft gestellte Frage lautet: Wie gelingt es, mit dem Chaos zu leben? Statt irgendeiner gelehrten Theorie genügt zunächst die Antwort, dass die Sonnweid ein Haus der offenen Tür ist. Das ist wörtlich zu nehmen, denn wir schließen tatsächlich keine Türen ab, nie und nirgendwo, geben also unseren Anarchisten bewusst freie Bahn. Es bleibt uns auch gar nichts anderes übrig, denn zum einen wollen wir keine Räume schaffen, die an Gefängnisse erinnern, und zum anderen verursachen geschlossene Türen genau die Probleme, die sie nach landläufiger Meinung verhindern sollten.

Nehmen wir als Beispiel eine Station im Heimbereich mit zehn Bewohnern, in der einige körperlich noch mobil sind und, wie viele demente Menschen, von einer inneren Unruhe getrieben werden. Wir beobachten immer wieder, dass manche von ihnen zuweilen wahre Gewaltmärsche zurücklegen, Stunde um Stunde durch Haus und Garten stiefeln und sich dabei nicht einmal Zeit zum Essen nehmen. Damit sie nicht vom Fleisch fallen, stehen deshalb an allen Ecken und Enden kleine Tische bereit, die unser Koch mit Obst und Gemüse, Wurst- und Käsehappen bestückt hat. Bei besonders ausgeprägter Wanderlust, bei Menschen, die nicht einmal Zeit für einen Apfelschnitz oder einen Käsewürfel im Vorübergehen haben, begleitet ein Pfleger den Wanderer und reicht ihm das Essen im Gehen.

Was würde also hinter der verschlossenen Tür dieser Station passieren, wenn abgeschlossen wäre und keiner mehr rauskönnte? Es dauerte nicht lange, bis der erste Bewohner die Klinke drückte. Einmal, zweimal, dreimal. Er schüttelt den Kopf und versucht es noch einmal, drückt mit der Schulter dagegen und schimpft. Schon regen sich drei andere auf. Einer kommt zur Tür, schiebt den Nachbarn zur Seite und meint: »Geh weg, ich kann das besser.« Eine Viertelstunde später tummeln sich alle, die noch gehen können, an der Tür, grummeln und drängeln sich. Ein Pfleger drückt sich dazwischen und wird beschimpft. Im Zimmer daneben wird man nervös, fragt, was ist da los? Warum schreien die so? Kurz, die Situation eskaliert, und das zu beiden Seiten der geschlossenen Tür.

Lässt die Tür sich dagegen öffnen, spaziert der Unruhegeist einfach davon und hat gar keine Gelegenheit, die anderen neun zu stören oder gar zu verstören. Geschlossene Türen setzen Grenzen, wer auf sie stößt, spürt, dass er gefangen ist, quasi unter Kuratel steht und nicht mehr weiter kann.

Ein Kernthema in der Sonnweid besteht darin, dass wir Räume öffnen. Je mehr wir davon schaffen, desto freier kann der Patient sich bewegen. Bei uns klettert keiner aus dem Fenster, denn es ist einfacher, durch die Tür zu gehen. Wohin er auch geht, er wird sich behütet fühlen, kann sich nicht verlaufen, bewegt sich im geschützten Bereich und merkt, dass er überall willkommen ist. Das nämlich gehört zur unumstößlichen Pflegepflicht in der Sonnweid: Jeder ist gern gesehen, wird entsprechend höflich und freundlich begrüßt, nie geduzt und immer mit Frau oder Herr angesprochen. Absolut verboten sind Sätze wie: »Was wollen Sie hier? Sie gehören doch nicht zu dieser Station.«

Wer bei uns in der Pflege anfängt, dem versuchen wir beizubringen, dass Störungen nicht nur hinzunehmen sind, sondern sogar lehrreich sein können. Das überzeugt nicht unbedingt jeden auf Anhieb, denn Patienten, die aus der Reihe tanzen, unterbrechen die Abläufe des Pflegedienstes, was Zeit kostet und damit zuweilen den Feierabend über Gebühr hinausschiebt. Doch die Lektionen, die uns diese Störenfriede erteilen, ermöglichen es uns, sie zu verstehen. Demente Menschen können sich nicht verstellen. Nie. Sie sind immer ehrlich und echt, auch in Momenten, die uns schockieren. Das auszuhalten und Haltung zu bewahren fällt nicht immer leicht. Zum Beispiel, wenn einer nachts regelmäßig ins Nachbarzimmer geht und dort in die Ecke pinkelt.

Solche Vorfälle sind in der Sonnweid selten, aber sie kommen vor und konfrontieren uns mit Problemen, aus denen wir Lehren ziehen müssen. Das gelingt nur in einem professionellen Umfeld, in dem sich auch der Pflegende in kritischen Situationen geschützt fühlt. Als hilfreich hat sich zum Beispiel der sogenannte Mutationszettel erwiesen, auf dem besondere Ereignisse notiert werden können, die unseren Betreuern auf der Seele lasten. Neben Stürzen, die immer wieder vorkommen, gehören auch Beschwerden von Angehörigen dazu, ebenso Aggressionen gegenüber Pflegekräften oder anderen Bewohnern.

Droht ein Konflikt so weit auszuufern, dass die Grenze der Belastbarkeit erreicht oder überschritten wird, dienen die Mutationszettel als Diskussionsgrundlage für die Ethikkommission, die sich innerhalb von drei Tagen trifft und entscheidet, wie mit solchen Fällen umzugehen ist. Die Pflegekraft steht nicht mehr allein vor dem jeweiligen Problem.

Wer mit demenzkranken Menschen lebt, kümmert sich um die Folgen der Demenz und nicht um ihre Ursachen. Die Suche danach ist Sache der Neurologen, die allerdings bis heute nicht erklären können, warum sich diese Krankheit in manche Menschen einschleicht und andere verschont. Von Jahr zu Jahr vermehrt sich die Menge an Publikationen zum Thema Demenz, eine tiefere Einsicht in ihre Entstehung hat sich jedoch seit dreißig Jahren nicht eröffnet. In einem Beitrag der *Süddeutschen Zeitung* vergleicht der Journalist Thomas Steinfeld die Suche nach ihren Ursachen mit einem Irrweg durch den Urwald: »Man weiß nicht, wohin die Wege führen, man sieht den Horizont nicht, tritt auf eine Lichtung hinaus, nur um wieder vorzudringen ins Dunkle.« Ein Bild, das weder Trost noch Hoffnung spendet, aber uns nicht entmutigen sollte, den Verlauf und die typischen Zeichen demenzieller Erkrankung zu erforschen.

Wer Menschen mit Demenz betreut, muss kein Arzt sein. Trotzdem sollte er die verschiedenen Formen dieser Krankheit kennen und wissen, wie sie das Verhalten des Betroffenen prägen, wie die Krankheit verläuft und wie sie in den verschiedenen Stadien zu behandeln ist. Schon das ist kompliziert genug, denn Demenz bezeichnet ein Syndrom, bei dem verschiedene Fälle vergleichbare Symptome aufweisen. Es gibt mehr als hundert medizinische Diagnosen, die mit einer Demenz einhergehen können. Allen gemeinsam ist die Verminderung der kognitiven Leistungen.

Als erster Wissenschaftler hat der französische Psychiater

Philippe Pinel im Jahr 1797 den Begriff Demenz eingeführt, um den geistigen Abbau zu beschreiben, der bei einer chronischen Hirnerkrankung auftritt. Das Wort Demenz setzt sich aus der lateinischen Vorsilbe *de* (etwas ist weg) und *mens* (Verstand) zusammen. An Demenz zu leiden bedeutet also, den Verstand zu verlieren. Einfacher und zugleich unzulässiger lässt sich diese Krankheit kaum definieren. Unsere Patienten belehren uns täglich, dass sie alles andere als Idioten sind, sie folgen einer eigenen Logik, leben in einer eigenen Welt und besitzen eigene Kategorien von Ursache und Wirkung. Deshalb scheint es mir allzu oberflächlich, wenn Wissenschaftler glauben, ein Phänomen schon dann halbwegs erklärt zu haben, wenn sie ihm einen Namen geben.

Wir täten Doktor Pinel jedoch Unrecht, wenn wir sein Verdienst auf den eines Namengebers reduzieren würden. Denn in einer Epoche, in der es üblich war, Geisteskranke zusammen mit Kriminellen einzukerkern und in Ketten zu legen, leitete er eine grundlegende Reform der »Irrenhäuser« ein. Er erreichte, dass man Geisteskranke nicht mehr wie Verbrecher behandelte, sondern sie als pflegebedürftige Patienten annahm. Kein Zufall, dass Pinel diese Menschen zur Zeit der Französischen Revolution von ihren Ketten befreite. Die Forderung nach Freiheit, Gleichheit und Brüderlichkeit sollte auch und besonders für sie gelten. Pinels wissenschaftliche Erkenntnisse, die seine Reform untermauerten, machten ihn zum Pionier der modernen Psychiatrie. Seinem Vorbild folgend, begann man nach und nach, die Irrenanstalten in aller

Welt zu humanisieren, im Jahr 1839 auch das berüchtigte Wiener »Tollhaus«. Die Eisenketten, mit denen man aufsässige Insassen gefesselt hatte, wurden abmontiert und weggeschafft. Eine Schwerarbeit, denn sie besaßen ein Gesamtgewicht von dreißig Zentnern.

Zwangsjacken und Gummizellen, in die man tobende Patienten gesteckt hatte, um sie vor sich selbst und andere vor ihnen zu schützen, verschwanden erst Mitte des vergangenen Jahrhunderts, als man sie durch Psychopharmaka ersetzen konnte. Arrestzellen hielten sich allerdings länger. Als ich vor dreißig Jahren zum ersten Mal die Sonnweid besuchte, führte man mich auch in das »Verlies«, in das man noch nicht allzu lange vor meinem Dienstantritt regelmäßig »unbotmäßige Personen« eingelocht hatte.

Meine Kenntnisse in Sachen Demenz beschränkten sich damals auf die notwendigen Praktiken im Umgang mit verwirrten Patienten, womit ich im klinischen Alltag nicht allein stand. Dass es einen Unterschied zwischen primären und sekundären Formen der Demenz gibt, wusste man schon damals. Der Unterschied ist evident: Bei den primären Formen, die neunzig Prozent aller Fälle ausmachen, beginnt der Krankheitsprozess direkt im Hirn, während sekundäre Demenzen als Folge anderer Erkrankungen auftreten. Stoffwechselkrankheiten oder Hirntumore können die Ursache sein, ebenso Depressionen und Schlaganfälle, Alkoholismus und Drogenkonsum. Während primäre Demenzformen als irreversibel gelten, sind bei den sekundären Arten die Heilungschancen nicht ausgeschlossen, immer vorausgesetzt, dass sich die Grunderkrankung heilen lässt.

Davon abgesehen, hat sich bis heute unter Medizinern eine Art therapeutischer Nihilismus ausgebreitet, der sich Patienten und Angehörigen gegenüber in einem Achselzucken und mit dem lapidaren Satz »Da kann man halt nichts machen« äußert. Ein amerikanischer Gerontopsychiater hat als Vorbeugemaßnahme deshalb nur einen Rat zu bieten, der nach Galgenhumor klingt: »Wähle deine Eltern sorgfältig aus und stirb früh.«

Auch die These mancher Mediziner, dass Demenz eine Form des normalen Alterns sei, lässt Patienten und Angehörige im Regen stehen und läuft auf die gleiche resignierte Haltung hinaus: Da kann man wenig machen. Beide Behauptungen stimmen nicht, zumindest nicht in dieser pauschalen Form. Denn es gibt unter den sekundären Demenzformen durchaus Fälle, in denen man halt doch etwas machen kann.

Besonders die Behauptung, dass Alzheimer nichts anderes sei als eine Alterserscheinung, gehört in die Kategorie der groben Vereinfachung. Richtig ist, dass sie mit steigendem Alter öfter auftritt und die häufigste Form des Demenzleidens bildet. Rund sechzig Prozent aller Menschen mit Demenz sind von ihr betroffen, weltweit sind es sechsunddreißig Millionen, davon allein in Deutschland fast anderthalb Millionen, und jedes Jahr kommen zweihunderttausend dazu. Kaum noch eine Familie, in der nicht wenigstens ein Angehöriger davon betroffen ist. Wo immer der Name Alzheimer fällt, löst er Angst und Schrecken aus.

Das hat Alois Alzheimer eigentlich nicht verdient. Denn ihm verdanken wir nicht nur den ersten Einblick in das Krankheitsbild abnormaler Gehirnzellen, sondern auch neue und menschenfreundliche Innovationen, die der Psychiater und Neuropathologe Ende des 19. Jahrhunderts an der »Städtischen Anstalt für Irre und Epileptische« in Frankfurt am Main einzuleiten half. Mit seinen Kollegen sorgte er dafür, dass die Insassen nicht mehr in Zwangsjacken gesteckt und auch nicht mehr zwangsernährt wurden. Statt der bis dahin üblichen Schocktherapie mit eiskaltem Wasser durften sich unruhige Patienten in warmen Dauerbädern entspannen, deren Temperatur überwacht wurde. Einige seiner Neuerungen erinnern mich sogar an ähnliche Aktionen, die wir in der Sonnweid einführten: Patienten, die noch mobil waren, konnten sich im Park der Klinik frei bewegen und wurden sogar zu Ausflügen in die Umgebung eingeladen.

Gründer dieser Anstalt war übrigens Heinrich Hoffmann, der sich vor allem als Jugendpsychiater hervorgetan hatte und mit seinem Struwwelpeter weltberühmt wurde. Vielleicht haben die Figuren dieses unsterblichen Bilderbuchs ein wenig dazu beigetragen, dass sich der Assistenzarzt Alois Alzheimer an Hoffmanns Klinik so intensiv der Demenz widmete. Auch mich haben diese Geschichten von eigenwilligen und unbequemen Typen animiert, die als Störfaktoren ständig aus der Rolle fallen. Da ist zum Beispiel der Zappelphilipp, dieser Prototyp eines Menschen, der nicht still sitzen will und sich als Unruhegeist unter unserem Dach immer wieder beobachten lässt. Auch dem Suppenkasper begegne ich hin und wieder, unter anderem in Gestalt von Frau Lück, die sich von einem Tag auf den anderen weigerte zu essen. Alle Versuche, ihr irgendein Gericht schmackhaft zu machen, scheiterten, auf jedes Angebot reagierte sie mit dem Ruf: »Torte, Torte, Torte!« Da auch in der Sonnweid keiner zwangsernährt wird, aß sie von Stund an nichts anderes. Oder um ein letztes Beispiel zu geben: der Struwwelpeter selbst, der in Frau Moretti bei uns wieder Gestalt annahm. An den Händen beiden, ließ sie sich nicht schneiden, auch an die Fußnägel ließ sie keinen ran, bis sie in keinen Schuh mehr passte. Sie ließ überhaupt keinen mehr an sich ran, auch nicht an ihre Mähne, die schließlich haargenau der des Struwwelpeters glich und die ihr unser Friseur nur mit Müh und Not im Gehen ein bisschen stutzen konnte. Da sie neben Scheren auch Wasser und Seife ablehnte, blieb uns nichts anderes übrig, als alle paar Monate unser Zwangsverbot zu durchbrechen und sie mit vereinten Kräften unter die Dusche zu stellen.

Wenn sich am 19. Dezember 2015 der Todestag des Alois Alzheimer zum hundertsten Mal jährt, sollten wir ihn ehren. Für seine Reformen an der »Städtischen Anstalt für Irre und Epileptische« und natürlich auch für die wissenschaftliche Erforschung der Krankheit, die seinen Namen trägt. Im Jahr 1907 veröffentlichte er die Krankengeschichte von Auguste Deter, die seit ihrem fünfzigsten Lebensjahr unter zunehmender Verwirrtheit gelitten hatte. Sie versagte selbst bei einfachen Aufgaben im Haushalt, verlor die Sprache, und schließlich lag sie nur noch in Embryohaltung hilf- und regungslos im Bett. Nach ihrem Tod obduzierte Alzheimer ihr Gehirn, das stark geschrumpft war, und entdeckte unter dem Mikroskop zahlreiche Einlagerungen. Er nannte sie »Herdchen, welche durch Einlagerung eines eigenartigen Stoffes in die Hirnrinde bedingt sind«[3]. Erst Mitte der achtziger Jahre wurden diese »Herdchen« als Eiweißablagerungen rund um die Nervenzellen identifiziert, die sogenannten Plaques. Auch im Zellkern fand Alzheimer krankhafte Veränderungen. Er nannte sie »aufgeknäuelte Fibrillen«, die nach dem Absterben der Zelle als biochemische Grabsteine die Todesursache des Patienten bergen. Wie wir heute wissen, bestehen auch sie aus Eiweißen, darunter ein Protein namens Tau, das bei Alzheimer-Patienten chemisch verändert ist. In gesunden Gehirnen ist das Tau-Protein ein entscheidender Teil des Netzwerks, das die Nervenzellen miteinander verknüpft.

Bis in die siebziger Jahre des vergangenen Jahrhunderts teilte man Alzheimers Theorie, dass Plaques und Fibrillen ausschließlich das Gehirn von Menschen unter fünfundsechzig Jahren befallen würden. Eine im Jahr 1991 veröffentlichte Studie der deutschen Neurologen Heiko und Eva Braak schien diese Hypothese zu erhärten. Das Ehepaar hatte fast neunhundert Gehirne von Verstorbenen im Alter von vierundzwanzig bis einhundertundvier Jahren obduziert und sechs Stadien der Demenz unterschieden. Ihre Skala reicht von Phase null, in der sich kein Symptom der Demenz zeigt, über Phase eins mit nur geringen Mengen an Fibrillen und Plaques bis zur finalen Stufe sechs, in der das Gehirn deutlich geschrumpft und fast vollständig geschädigt ist. Sie entdeckten dabei schon in Gehirnen der jüngeren Verstorbenen krankhafte Veränderungen, die eine Vorstufe der Demenz erkennen ließen. Obgleich das Ehepaar Braak keine Gehirne von Kindern und Jugendlichen obduziert hatte, wagte es die Vermutung, dass sich Alzheimer bereits bei Heranwachsenden entwickeln kann, um danach innerhalb der nächsten fünfzig bis sechzig Jahre von Phase eins bis zum Endstadium sechs fortzuschreiten.

Spätestens mit dieser Vermutung drängt sich der Verdacht auf, dass die Gefahr, an Alzheimer zu erkranken, erblich bedingt sein könnte – eine Theorie, die sich 1992, also nur ein Jahr nach Erscheinen der Braak-Studie, bestätigte. Forscher der amerikanischen Duke University hatten die unheilvolle Rolle des sogenannten APOE-4-Gens entdeckt. Es zeigte sich, dass Personen, in deren Organismus diese Variante eines Proteins vorkommt, weit häufiger an Alzheimer erkranken als andere. Schlimmer noch: Bei Menschen, die von einem Elternteil ein solches Gen geerbt haben, erhöht sich das Risiko, an Alzheimer zu erkranken, um das Dreifache, haben sie es von beiden Eltern geerbt, sogar um das Achtfache.

Demenz als Erblast? Ist sie ein Fluch, der kaum Hoffnung lässt, dem Gesetz zu entfliehen, nach dem wir angetreten sind? Eine überraschende Entdeckung, die das Ehepaar Braak bei seiner Reihenuntersuchung machte, spricht dagegen. Sie besagt, dass vierzig Prozent der obduzierten Gehirne von Personen im Alter von sechsundneunzig bis einhundertundvier keine oder nur geringe Spuren der Demenz aufwiesen. Sie schienen gegen Alzheimer resistent zu sein. Womit zumindest eine Befürchtung ausgeräumt ist: Alzheimer ist keine zwangsläufige Folge des Alterns. Viele Menschen erreichen ein biblisches Alter, ohne an Alzheimer zu erkranken. Mehr noch: Selbst wenn wir das APOE-4-Gen in uns tragen, können wir hoffen, nicht im Zustand geistiger Umnachtung zu enden.

Dutzende Belege und Beispiele für diese tröstliche Botschaft verdanken wir der sogenannten Nonnenstudie, der weltweit umfangreichsten und wichtigsten Langzeituntersuchung zum Thema Demenz. Durchgeführt hat sie David Snowdon, Professor für Präventiv- und Umweltmedizin an der Universität von Kentucky. Kernziel seiner Forschung war, Erkenntnisse über den Zusammenhang zwischen Alzheimer und krankhaften Veränderungen des Gehirns bei älteren Menschen zu gewinnen. Dafür brauchte er eine möglichst zahlreiche, homogene und kooperative Gruppe von Probanden, die bereit waren, über längere Zeit ihre kognitiven Fähigkeiten testen zu lassen.

Er fand sie in einer bemerkenswerten Institution. Es waren sechshundertachtundsiebzig katholische Nonnen des Ordens der *Armen Schwestern unserer Lieben Frau*, die jüngste sechsundsiebzig, die älteste hundertsieben Jahre alt. Sie alle brachten schon deshalb optimale Voraussetzungen für eine vergleichende Untersuchung mit, weil sie viele Gemeinsamkeiten besaßen. Fast alle der frommen Schwestern hatten seit mehr als sechzig Jahren denselben kontemplativen Tagesrhythmus des Klosters geteilt, dieselbe karge Kost gegessen, nicht geraucht und allenfalls zum Abendmahl ein Schlückchen Messwein getrunken. Das auffallendste gemeinsame Merkmal bestand jedoch darin, dass fast jede von ihnen steinalt wurde und sich unter ihnen dennoch nur relativ wenige Symptome der Demenz zeigten.

Snowdons Langzeituntersuchung begann im Jahr 1986 und endete fünfzehn Jahre später. In diesem Zeitraum durfte er regelmäßig die kognitiven Fähigkeiten der Nonnen testen, von denen viele trotz ihres hohen Alters erstaunlich gut beieinander waren. Die meisten konnten noch Aufgaben lösen, die Menschen mit Demenz schon in frühen Phasen der Krankheit schwergefallen wären, zum Beispiel Aufsätze schreiben, Flaschen mit kindersicherem Verschluss öffnen und Wechselgeld abzählen. Viele Schwestern bestanden sogar mit Bravour die Tests, bei denen sie sich zehn Wörter merken sollten, um sie drei Minuten später aus dem Gedächtnis zu wiederholen. Neben dem Kurzzeitgedächtnis hatten sich viele auch ihr Zeitgefühl bewahrt, konnten also ohne einen Blick auf die Uhr ziemlich genau sagen, wie spät es war. Ein Grund für ihre geistige Frische, so vermutete Snowdon, war der Umstand, dass die meisten viele Jahrzehnte lang als Lehrerinnen gearbeitet hatten, einige sogar als Dozentinnen an Hochschulen. Fünfundachtzig Prozent hatten ihr Studium mit einem Bachelorgrad abgeschlossen, fünfundvierzig sogar mit einem

Mastergrad. Schwester Esther, die mit einundsiebzig ihren Master in Theologie machte und erst mit siebenundneunzig in den Ruhestand trat, war eine von ihnen, ebenso Schwester Dorothy, die mit vierundsiebzig begann, Klavierstunden zu nehmen.

Eine weitere günstige Voraussetzung der Nonnenstudie bot das Archiv, in dem der Orden die Lebensläufe und den Bildungsgang der Schwestern aufbewahrt hatte. David Snowdon wusste also von jeder Nonne, aus welcher Familie sie stammte, welche Schule oder Universität sie besucht und welchen Beruf sie ausgeübt hatte. Ein Geschenk des Himmels, dazu ein Zeichen ihrer Souveränität war außerdem, dass sie einer Obduktion ihres Gehirns nach ihrem Tod zustimmten. Das Ergebnis, Anfang des 21. Jahrhunderts veröffentlicht, stellte die bisherigen Theorien über Ursache und Wirkung der Alzheimer-Krankheit auf den Kopf.

Unter den Hunderten von Probanden, die er über die Jahre begleitete, überraschten ihn vor allem zwei bemerkenswerte Frauen. Zum einen Schwester Rose, die ein halbes Jahrhundert als Lehrerin gearbeitet und bis kurz vor ihrem Tod alle Tests mit Glanz und Gloria bestanden hatte. Als sie im Alter von hundert Jahren starb, offenbarte die Obduktion, dass ihr Gehirn weder geschrumpft war noch irgendwelche Spuren einer alzheimertypischen Gewebeveränderung aufwies. Es entsprach dem Stadium null auf der Braak-Skala.

Schwester Rose war kein Einzelfall, deshalb galt es zu ergründen, warum manche Menschen von Fibrillen und

Plaques verschont bleiben, andere dagegen nicht. Liegt es allein am Fehlen von Genen wie dem APOE-4-Protein, dessen Rolle Snowdons Kollegen von der Duke University entdeckt hatten? Oder spielten noch andere Faktoren mit? Zum Beispiel die Ernährung? Auf der Suche nach wissenschaftlichem Material zu diesem Thema stieß Snowdon auf eine Reihenuntersuchung der Universität Oxford, die vermuten ließ, dass ein Mangel an Folsäure im Blut das Alzheimer- und Gehirnschwundrisiko erhöhen könnte. Folsäure ist ein B-Vitamin, das vor allem in Kohl und Spinat sowie in Bohnen, Nüssen und Zitrusfrüchten vorkommt. Auch Snowdon hatte die Blutwerte seiner Probanden ermittelt und stellte verblüfft fest, dass dreißig verstorbene Nonnen, die an Alzheimer und Gehirnschwund gelitten hatten, tatsächlich extrem niedrige Folsäure-Werte aufwiesen. Seitdem, so berichtet er, schlucke er jeden Tag ein Präparat, das neben Vitamin C und E auch Folsäure enthält, gibt aber zu, dass ein üppig bestücktes Salatbuffet wahrscheinlich immer noch das natürlichste und damit optimale Bollwerk gegen Alter und Alzheimer bildet.

Dass der Mensch ist, was er isst, hatte schon vor zweihundert Jahren der Philosoph und Anthropologe Ludwig Feuerbach erkannt. Noch älter ist der Spruch des römischen Gelehrten Juvenal, der vor rund zweitausend Jahren behauptete, dass nur ein gesunder Körper einen gesunden Geist beherbergen könne. Hätte er Schwester Bernadette gekannt, wären ihm vielleicht Zweifel gekommen, zumindest was den Begriff der Gesundheit betrifft. Ähnlich wie Schwester Rose hatte auch Schwester Bernadette lange Jahre als Lehrerin gewirkt und selbst im Greisenalter bei den meisten Tests hohe Punktzahlen erzielt. Doch als sie im Alter von fünfundachtzig Jahren starb, zeigte sich nach der Obduktion schon dem bloßen Auge, dass ihr Gehirn geschrumpft und bis zum Stirnlappen mit Plaques und Fibrillen durchsetzt war. Nach allen Regeln der Braak-Klassifikation hätte sie sich eigentlich im absoluten Endstadium der Alzheimer-Demenz befinden müssen. Zunächst glaubten Snowdon und seine Mitarbeiter an eine Verwechslung, doch es war tatsächlich Schwester Bernadettes Gehirn, das vor ihnen lag. Erst eine Kernspintomographie schien das Rätsel zu lösen. Sie zeigte, dass ihr Gehirn mehr sogenannte graue Substanz besaß als neunzig Prozent aller anderen obduzierten Gehirne.

Als graue Substanz bezeichnen Wissenschaftler die kleinste funktionelle Einheit unseres Gehirns. Etwa zweieinhalb Millionen dieser Einheiten ermöglichen uns, zu sehen, zu hören, zu schmecken und vor allem zu denken. Viele Neurologen glauben, dass unser Gehirn einen Großteil seiner grauen Substanz auf die interne Kommunikation der Zellen verwendet – so als würde es ständig Selbstgespräche führen. Offenbar hatte sich Schwester Bernadette eine Art Gehirnreserve geschaffen und damit, trotz aller Schäden, die Fähigkeit zur internen Kommunikation bewahrt. Naheliegend, dass sich Snowdon fragte, ob der Grund dafür womöglich in der lebenslangen geistigen Stimulation zu finden sei, die ihren Werdegang auszeichnete; und als zweiten Schritt, ob sich ähnliche Phänomene bei anderen Nonnen zeigen würden, womit sich angedeutet hätte, dass Lernen und Lesen, kurz Bildung, ein Faktor sein könnte, der das Alzheimer-Risiko vermindert.

Auch dieser Hypothese ging Snowdon in Form einer Reihenuntersuchung nach. Er nahm sich aus dem Archiv noch einmal die Lebensläufe vor, die seine Probanden vor fünfzig und mehr Jahren als Novizinnen verfasst hatten, und ließ die Texte von Sprachwissenschaftlern analysieren. Kriterien waren unter anderem Wortschatz, Ideendichte und grammatikalische Komplexität. Ebenso die Zahl mehrsilbiger Wörter, ungebräuchlicher Ausdrücke und Verwendung von Nebensätzen. Die Auswertung ergab, dass neunzig Prozent der Nonnen, die später an Alzheimer erkrankten, in ihren Autobiographien nur eine geringe Ideendichte und sprachliche Komplexität gezeigt hatten – im Vergleich zu lediglich dreizehn Prozent der Schwestern, die bis an ihr Lebensende von dieser Krankheit verschont geblieben waren. Die Folgerung, die Snowdon aus dieser Untersuchung zog, findet sich in dem Buch, das seine fünfzehnjährige Arbeit anhand zahlreicher Fälle schildert. Er schreibt: »Dies war eine gewaltige Differenz, aus der sich ergab, dass wir mit fünfundachtzig- bis neunzigprozentiger Wahrscheinlichkeit – allein durch Auswertung der Autobiographie – vorhersagen können, wer etwa sechzig Jahre später an Alzheimer erkranken würde und wer nicht.«[4]

Bei allem Respekt vor der verdienstvollen Arbeit dieses Forschers tritt mir denn doch eine allzu wissenschaftsgläubige Haltung in dieser Behauptung entgegen. Sie beruft sich auf eine sehr eng gefasste Bewertung sprachlicher Fähigkeiten und läuft dabei Gefahr, Menschen zu stigmatisieren und sogar zu diskriminieren, denen höhere Bildungswege versperrt sind. Nichts gegen medizinische Untersuchungen. Ihr Aufwand ist in der Regel durch ihren Nutzen für den Patienten gerechtfertigt. Nur bei sehr alten Menschen, deren Verhalten eindeutige Symptome einer Demenz zeigt, sollte man gemeinsam mit dem Hausarzt abwägen, ob man ihnen noch aufwendige Untersuchungen zumuten möchte. Dazu gehört neben einer sorgsamen Analyse des Krankheitsverlaufs auch ein Befund der physischen Konstitution und der charakteristischen Veränderungen des Denkens. Auch wenn es schwierig ist, die exakte Demenz-Art zu bestimmen, weil sich oft Symptome verschiedener Demenzformen überlagern, halte ich bei jüngeren Patienten solche Untersuchungen grundsätzlich für nötig. Denn die Ursachen des Leidens könnten auf allen möglichen Faktoren beruhen, von denen eine auch eine niedrige »Ideentiefe« sein mag. Nebenwirkungen von Arzneimitteln, Vitaminmangel oder hormonelle Störungen können demenzielle Krankheitsbilder erzeugen, ebenso übermäßiger Drogen- und Alkoholkonsum, Depressionen oder Schilddrüsenprobleme. Es leuchtet ein, dass es in vielen dieser Fälle Mittel gibt, mit denen sich das Leiden zumindest lindern lässt. Wie es schon David Snowdon in seiner Nonnenstudie rät: Was gut für das Herz ist, ist auch gut für das Hirn, diese Faustregel gilt generell für alle Formen der primären und sekundären Demenzen. Ich stimme ihm zu, dass man als vorbeugende Maßnahme mit zunehmendem Alter regelmäßig Blutdruck, Blutzucker und Cholesterinwerte messen lassen, nicht rauchen und seine Kinder so früh wie möglich zum Lesen ermuntern sollte. Oft gehört und nicht immer befolgt wird der Rat, mediterrane Kost, also wenig Fleisch und viel Obst und Gemüse, zu essen. Bewegung ist wichtig, und, leichter gesagt als getan: Ob jung oder alt, wir alle sollten ein möglichst stressfreies Leben führen.

Fakt ist, dass spätestens seit der Nonnenstudie die Grenze zwischen primärer und sekundärer Demenz verschwimmt und damit die Erkenntnis, dass Alzheimer nicht auf einer einzelnen Ursache beruht.

Bei den sekundären Demenzformen, die nur rund zehn Prozent ausmachen, liegen die Ursachen nicht primär in einer degenerativen Erkrankung des Gehirns, wie es bei den primären Formen wie der Alzheimer-Erkrankung der Fall ist, sondern sie können Folgen einer bakteriellen Infektion sein, zum Beispiel einer verschleppten Syphilis oder einer Virusinfektion wie Aids. Sogar Vitamin-B12-Mangel oder eine Überfunktion der Schilddrüse kann zur Demenz führen, ebenso Nebenwirkungen von Drogen, Tumoren und Schlaganfällen. Eine Sonderform ist das sogenannte Boxer-Syndrom, das Menschen betrifft, die häufig harte Schläge am Kopf eingefangen haben. Alle diese Formen der Demenz spielten damals bei der Diagnostik, wenn überhaupt, eher eine Nebenrolle, weil man so ziemlich alle krankhaften Erscheinungen der Verwirrung und des Vergessens unter das ausladende Dach namens Alzheimer stellte.

Solche sogenannten vaskulären Ursachen mit Durchblutungsstörungen im Gehirn hat die Wissenschaft bisher unter dem Stichwort »sekundäre Demenz« in ihren Schubladen abgelegt. Als einzige Mischform von primärer und sekundärer Demenz galt allein die Krankheit, die Friedrich Lewy, ein Assistent des Alois Alzheimer, im Jahr 1912 beschrieben hatte. Er entdeckte in Gehirnen von Menschen, die an Parkinson gelitten hatten, winzige Eiweißklümpchen als Ursache der Krankheit. Bei Parkinson-Patienten verlangsamen sich alle Bewegungen, die Menschen zittern stark und gehen gebeugt, ihre Mimik ist ausdruckslos. Man konnte in den achtziger Jahren bei jedem fünften Alzheimer-Patienten ebenfalls diese Lewy-Körperchen nachweisen, womit nahelag, dass Alzheimer nicht ausschließlich durch krankhafte Veränderungen der Nervenzellen entsteht, sondern auch äußere Einflüsse mitwirken.

Nach wie vor fehlt ein absolut zuverlässiges Verfahren, mit dem die Art des Demenzleidens nachgewiesen werden kann, erst recht in einem frühen Stadium. Einig ist man sich, dass degenerative Veränderungen im Gehirn schon Jahre, wenn nicht Jahrzehnte vor den ersten wahrnehmbaren Symptomen einsetzen. Warum sie einsetzen, darüber wissen wir immer noch wenig.

Wüssten wir es, wäre es einfacher, den Betroffenen zu helfen, aber auch wir hätten es leichter mit ihnen. Das gilt besonders in Fällen der frontotemporalen Demenz, die im Bereich des Gehirns zwischen Stirn und Schläfen ihr Unwesen treibt. Unter dem Begriff sind sämtliche degenerativen Erkrankungen des Frontalhirns zusammengefasst, das beim Menschen etwa dreißig Prozent des Großhirns ausmacht. Fatal ist, dass dieses Leiden häufig bei Menschen zwischen fünfzig und sechzig Jahren ausbricht, also in einer Lebensphase, in der man normalerweise noch nicht an eine demenzielle Erkrankung denkt. Die Betroffenen leiden oft noch nicht unter Gedächtnis- und Orientierungsstörungen, womit eines der deutlichsten Erkennungsmerkmale der Demenz fehlt. Häufig kommt es zu Verwechslungen mit psychischen Erkrankungen wie Schizophrenie, Manie oder auch Depression. Da das Frontalhirn unter anderem die Emotionen und das Sozialverhalten kontrolliert, erleben Angehörige oft schwer erträgliche Überraschungen. Das Spektrum reicht von taktlosem Benehmen über maßloses Essen bis hin zu erhöhter Aggressivität. Über Nacht wird dann aus einem freundlichen Doktor Jekyll ein bösartiger Mister Hyde.

Demenz in jüngeren Jahren verläuft oft dramatischer oder geht gar mit einer erhöhten Aggressivität einher. Wir erleben es immer wieder und leider auch immer öfter, dass unsere jüngeren Bewohner sich aufbäumen, mit sich und der Welt kämpfen, und das viel heftiger als etwa Patienten um die neunzig, die sich zwar gelegentlich beschweren und laut beklagen, uns aber selten so stark belasten wie zum Beispiel Herr Hermann, ein ehemaliger Steuerberater, der mit Mitte fünfzig nach einer Odyssee durch diverse Psychiatrien zu uns kam. Seine Frau und die fünfzehnjährige Tochter besuchen ihn regelmäßig und leiden mit, wenn sie sehen, wie er in bedenklich schiefer Haltung durchs Heim geht, anderen das Essen wegnimmt und es manchmal vor ihnen auf den Tisch kippt. In solchen Momenten versuchen wir Frau und Tochter zu erklären, dass er auf diese Art vielleicht Kontakt aufnehmen möchte, es aber anders nicht mehr kann.

Dabei ist Herr Hermann ein relativ leichter Fall der frontotemporalen Demenz. Schlimmer steht es um Herrn Konik. Er war Anfang sechzig, als wir ihn aufnahmen. Wir erkannten bald, dass er es in seinem Körper nicht mehr aushielt. Er kratzte sich blutig, schlug um sich, krabbelte auf allen vieren durchs Haus und verklemmte sich zwischen Stuhlbeinen und Rollstuhlrädern. Wenn er sich anschließend wieder aufrappelte, lief er jedes Mal Gefahr zu stürzen. Deshalb ziehen wir ihm mit Schaumstoff gepolsterte Sturzhosen und einen Body über, der seine Bewegungsfreiheit nicht einschränkt, aber verhindern soll, dass er sich die Kleidung vom Leib reißt. Manchmal setzen wir ihm auch einen Fahrradhelm auf. Wir wägen ab, welches Gut höher wiegt: Bewegungsfreiheit oder Unversehrtheit? Bis vor kurzem schlief er noch in einem Bett, das rundum mit Gittern gesichert war, aber als eine Pflegerin beobachtete, wie er sich aufrichtete, schwankte und schließlich mit dem Kopf fast auf der Umrandung gelandet wäre, bauten wir ihm eine Matratzenlandschaft auf dem Boden, in der er sich Tag und Nacht gefahrlos bewegen kann. Weil er sich vor dem Alleinsein ängstigt, platzierten wir sein Matratzenlager, blickgeschützt durch einen Paravent, in einer Ecke des breiten Korridors, der bei uns nicht etwa nur ein Flur ist, sondern ein weitläufiger Wohnraum, den wir mit Sesseln und Sofas möbliert haben. Dort hat er Kontakt zu anderen Bewohnern und bekommt quasi jederzeit Besuch, denn unsere Korridore werden von früh bis spät stark frequentiert.

Die Alternative wäre, Herrn Konik in die Psychiatrie einzuliefern, denn er ist auch zuweilen aggressiv und rabiat gegenüber Bewohnern und Pflegenden. Einmal mussten wir ihn tatsächlich einweisen lassen. Nach ein paar Monaten bat seine Frau darum, ihn wieder aufzunehmen. Er wirke doch inzwischen viel zugänglicher und friedlicher. Das war er auch, als er zurückkam, denn in der Psychiatrie hatte man ihn so stark medikamentös ruhiggestellt, dass er nicht mehr gehen und folglich auch kaum mehr Schaden anrichten konnte.

Ich nehme übrigens wahr, dass sich vor allem bei unseren männlichen Patienten das Aggressionspotential in den letzten Jahren erhöht hat. Wir baden offenbar etwas aus, das von außen kommt. Gewalt ist sehr präsent im Fernsehen, jeden Tag, ein Leben lang. Wir dürfen uns nicht wundern, wenn diese Vorbilder bei Menschen, in denen das Unbewusste regiert, wieder hochkommen. Ein Beispiel von vielen ist Herr Rybus, ursprünglich ein friedlicher und frommer Mensch, Grundschullehrer und Chorleiter, der heute Pflegekräfte und Patienten mit Fußtritten traktiert. Er wird aggressiv, weil er nichts mehr versteht. Und seine Frau weint nur noch.

Die männliche Konfliktstrategie heißt Gewalt, wenn sonst nichts mehr geht. Gewalt ist männlich. Männer haben das in sich, manche mehr, andere weniger. Es gab immer Kriege auf der Welt, und es waren immer Männer, die sie angezettelt haben. Ich glaube, wenn einer kognitiv nicht mehr viel verarbeiten kann, tritt das mehr und mehr zutage.

Der Hamburger Gerontopsychiater Jan Wojnar deutet demenzielles Verhalten als Abschied von der Zivilisation. Wenn die Großhirnrinde nicht mehr funktioniert, weil durch die Demenz allmählich Schicht für Schicht abgebaut wird, bestimmen tiefere, entwicklungsgeschichtlich ältere Hirnregionen das Verhalten. Der Patient verhält sich so, wie sich Menschen der Vorzeit verhielten, die jeden Tag als Sammler und Jäger über weite Strecken unterwegs waren. So hastet der Demente rastlos durch die Gegend, jagt, was ihm über den Weg läuft, und sammelt ein, was er nur kriegen kann. Demenzielles Verhalten gründet also in Verhaltensmustern, die allen Menschen jeglicher Kultur und jeder Zeitperiode gemeinsam sind. Dies macht die Demenz zu einer zutiefst menschlichen Krankheit.

»Bloß keine Einzelzimmer!«

Jeder Mensch braucht Nähe und Zuwendung, demente Menschen ganz besonders, und das in jedem Stadium der Krankheit. Die Pflegeoase.

Stellen Sie sich vor, Sie erwachen in einer fremden Welt, liegen in einem blendend weißen Raum und können sich nicht bewegen. Sie möchten wissen, wo Sie sind und was das alles zu bedeuten hat, aber es ist keiner da, den Sie fragen können – und selbst wenn jemand käme, blieben Ihnen die Worte im Hals stecken, denn Sie haben die Sprache verloren.

Ein Alptraum, den jeder von uns im Ansatz schon mal erlebt hat, wenn er auf Reisen in einem fremden Zimmer aufgewacht ist und für einen schlaftrunkenen Augenblick nach Orientierung gesucht hat. Aber zum Glück nur für einen Augenblick. Für Kranke im letzten Stadium der Demenz kann er lebenslang dauern.

Wie würden Sie sich in diesem Zustand fühlen? Was würden Sie erwarten?

Es sind Fragen, die sich wahrscheinlich viele von uns schon mal gestellt haben, seitdem das Gespenst der Demenz durch die Welt und unsere Köpfe geht. Auch ich habe sie mir gestellt, aber zum Glück kenne ich eine Antwort, die mich hoffen lässt. Sie lautet: Wenn ich dereinst hilf- und sprachlos im Endstadium der Demenz lande, möchte ich in die Hände eines kompetenten Pflegenden wie Markus Kürsteiner fallen.

Es besagt wenig, wenn ich erzähle, dass er zu unseren ältesten und erfahrensten Pflegern gehört. Am besten lernen Sie ihn kennen, wenn wir ihn an einem seiner Arbeitstage zu einer Patientin begleiten. An diesem Morgen ist es Frau Grünen.

Sie ist gerade aufgewacht, man hört es, weil sie wimmert, wie an jedem Morgen. Markus Kürsteiner setzt sich auf den Bettrand, ergreift ihre Hand und begrüßt sie.

»Guten Morgen, Frau Grünen. Schön, dass Sie bei uns sind. Haben Sie gut geschlafen?«

In der Küchenzeile blubbert die Kaffeemaschine. Kaffeeduft mischt sich mit dem Duft aus dem Brotbackofen. Kürsteiner spricht langsam, akzentuiert mit kleinen Pausen nach jedem Satz. Frau Grünen liegt mit zugekniffenen Augen und zusammengepressten Lippen starr vor ihm. Nur das Wimmern verrät, dass sie am Leben ist.

»Gleich gibt es Kaffee, Frau Grünen«, sagt er. »Sie mögen doch Kaffee?«

Keine Reaktion. Nur das Wimmern. Behutsam legt er seine Hand auf ihren Scheitel und streicht vom Ohr zum Hals, über die Schulter bis zu den Fingerspitzen. Das Streicheln setzt sich fort: über Schultern, Arme, Hüfte und Beine bis zu den Zehen. Danach gleitet er mit beiden Händen unter die Schulterblätter und lässt, nur mit dem Druck der Finger, ihren Oberkörper wippen, im Sekundentakt einmal links, dann rechts, steigert allmählich Druck und Frequenz bis zu einem fließenden Schaukeln, das er beim Becken und den Knien wiederholt.

Schon jetzt spürt er, dass sich Frau Grünen ein wenig gelockert hat, er kann es wagen, sie aufzurichten. Er schiebt seinen Arm schräg unter ihre Schultern, so dass ihr Hinterkopf auf seiner Hand ruht, zieht sie an sich heran und lässt sie dann auf das Bett zurücksinken. Die Bewegung geht in ein Wiegen über, das sich ihren Atemzügen anpasst. Frau Grünen entspannt sich zusehends, sie öffnet die Augen, der Mund wird weicher, nur das Wimmern dauert an. Ein letzter leichter Schwung, und jetzt sitzt sie neben ihm auf der Bettkante. Noch immer umfasst er ihre Schultern, und in dieser Stellung beginnt er mit ihr im Rhythmus des Wimmerns zu schunkeln, summt dabei eine alte Volksliedweise, deren Singsang er ihrem Wimmern angleicht. Überrascht schaut sie auf, ein Lächeln deutet sich an, das Wimmern verstummt.

Eine Kollegin bringt eine Tasse Kaffee, schwarz und stark gesüßt, so wie es Frau Grünen liebt. Sie genießt es offensichtlich, im Arm des Pflegers gefüttert zu werden, greift mit ihren arthritischen Händen sogar nach dem Löffel, mit dem ihr Kürsteiner ein suppig eingeweichtes Müsli in den zahnlosen Mund flößt. Gewaschen und angezogen, sitzt sie wenig später in ihrem Lehnstuhl, verfolgt das Kommen und Gehen zwischen Eingang, Küchenzeile und Wohnbereich. Und wird bis zum nächsten Morgen nicht mehr wimmern.

Basale Stimulation in der Pflege ist der wissenschaftliche Begriff für die feinfühlige Lockerungsübung, mit der Markus Kürsteiner die alte Dame zum Leben erweckt hat. Mitte der siebziger Jahre hatte sie der Heilpädagoge Andreas Fröhlich zur Förderung schwer körperlich und geistig behinderter Jugendlicher entwickelt. Die Pflegewissenschaftlerin Christel Bienstein übertrug sie Mitte der Achtziger auf die Pflege Dementer, und Thomas Buchholz, der als Trainer für basale Stimulation seit zwanzig Jahren zu uns kommt, legte sie mir Ende der Neunziger eindringlich ans Herz. Basale Stimulation in der Pflege sei einer der wenigen Wege, vielleicht sogar der einzige Weg, auf dem schwer Demenzkranke zu erreichen und in eine Welt zu führen seien, die ihnen nicht mehr fremd ist. Sie will die Wahrnehmung des Patienten ansprechen, alle fünf Sinne, um seinen Körper, der ihm fremd geworden ist, wieder als eigenen Körper zu spüren. Dazu gehören auch farblich veränderbare Lichter, duftende Öle oder leise Musik.

Ich gestehe, dass ich eine Weile brauchte, ehe ich begriff, wie dieser Weg verlaufen könnte. Der Moment, in dem ich mit der Nase darauf gestoßen wurde, trat im Februar 1998 ein, und das aus einem traurigen Anlass: Innerhalb von sechs Wochen war fast die Hälfte unserer Patienten gestorben und hatte drei Dutzend leere Betten in den dunklen Pflegesälen des alten Heims hinterlassen. Was lag also näher, als die Pflegeabteilung im Altbau von Grund auf umzukrempeln? An Stelle des großen, schäbigen Saales, der mit zwölf Betten zugestellt war, sollten adrette Einzelzimmer entstehen, in denen die Privatsphäre der Schwerstkranken in eigenen vier Wänden gewahrt bliebe. Das entsprach dem damaligen Zeitgeist.

So hatte ich mir das vorgestellt, und so breitete ich die Idee vor dem Pflegeteam aus, das ich zusammengerufen hatte. Doch meiner Ansprache, die mit Begriffen wie *individuelle Bedürfnisse, Intimsphäre* und *störungsfreie Atmosphäre* durchwirkt war, folgte eine längere Pause. Schließlich meldete sich Markus Kürsteiner zu Wort, der vor seinem Eintritt in die Sonnweid mehr als zwanzig Jahre als Pfleger in verschiedenen Altersheimen gearbeitet hatte, also mehr Erfahrung mitbrachte als jeder Einzelne von uns.

»Du kannst alles machen, Michael«, sagte er, »aber bloß keine Einzelzimmer!«

»Aber was denn sonst?«, fragte ich in die Runde, die mich prompt mit Argumenten eindeckte. Kann sein, dass damals noch Vorstellungen durch mein Denken geisterten, die meiner Zeit als Pfleger in verschiedenen Kliniken entstammten. Wie überall auf der Welt stand ja auch in diesen Häusern der Begriff des Einzelzimmers für eine bevorzugte Behandlung, ein Synonym für die erste Klasse, in der sich schon mal der Chefarzt auf den Bettrand setzt und Händchen mit dem Patienten hält. Abseits und damit verschont vom Schnarchen und Stöhnen der Leidensgefährten, darf sich ein Kranker in dieser *splendid isolation* als etwas Besseres fühlen – um sich gleichzeitig tödlich zu langweilen. Vor allem bei bettlägerigen

Langzeitpatienten scheint sich in der Tat gelegentlich der bedrohliche Zustand einer tödlichen Langeweile anzubahnen. Wenn man ans Bett gefesselt ist und der Kontakt zur Welt nur noch aus Stippvisiten von Pflegern und Ärzten besteht, bleibt es nicht aus, dass man auf Dauer seelisch verkümmert, was auch den Heilungsprozess körperlicher Leiden erfahrungsgemäß nicht gerade fördert. Eher das Sterben.

Immerhin kann man im Krankenhaus mit dem Klingelknopf neben dem Bett um Hilfe rufen, sei es, weil man Schmerzen hat, die Bettpfanne braucht oder sich einfach nur einsam fühlt. Ein Mensch mit schwerer Demenz kann es nicht mehr, kann nicht mehr rufen, wenn es ihm schlechtgeht. Er ist damit hilfloser als ein Säugling, der schreit, sobald ihm etwas auf den Magen drückt oder ihn der Hunger plagt. Die Folge ist, dass der demente Mensch sich über Stunden in eine Embryohaltung krümmt, womöglich mit vollen Windeln, vor Angst schwitzend, weil er sich verlassen fühlt und es ja auch ist.

Schon vor der Einführung der basalen Stimulation merkten unsere Pflegenden immer wieder, dass sich die Verkrampfung der Menschen ein wenig löste, sobald man an ihr Bett trat, sie mit einer leichten Berührung an der Schulter begrüßte und mit ihrem Namen ansprach. Schon das schien ein Indiz dafür zu sein, dass auch schwer demente Menschen fähig sind, Eindrücke wahrzunehmen, selbst wenn ihre geistigen Fähigkeiten so weit geschwunden sind, dass sie fast bewusstlos wirken. Aber sie seien durchaus ansprechbar, erklärten unsere erfahrenen Pflegekräfte, es sei sogar möglich, eine Art körperliche Kommunikation mit ihnen zu führen, indem man sie berühre, bewege und mit ihnen rede.

Aber je länger demenzkranke Menschen im letzten Stadium sich selbst überlassen bleiben, desto schwieriger wird es, sie zu erreichen. Das leuchtete uns ein. Denn ob dement oder nicht, je weniger Möglichkeiten der Mensch hat, sich zu bewegen, etwas wahrzunehmen, zu kommunizieren, desto stärker verengt sich sein Blick auf die Welt. Er zieht sich immer mehr in sich selbst zurück, büßt Stück für Stück seines Körpergefühls ein, es ist, als sei alles von Kopf bis Fuß eingeschlafen, und damit schwindet das Gefühl der eigenen Identität. Er fällt in ein Vakuum.

Und jetzt das Einzelzimmer: aseptisch weiß und störungsfrei, geräusch- und geruchlos, unpersönlich und funktional – was ist das denn anderes als ein Vakuum, in dem sich jeder Sinneseindruck im Lauf der Zeit verflüchtigen muss! Je länger wir darüber sprachen, desto deutlicher entstand das Bild einer Alternative, in der sich Begriffe wie Geborgenheit und Nachbarschaft zum Leitmotiv der architektonischen Gestaltung entwickelte. Als wir die Sonnweid Ende der neunziger Jahre umbauten, sollte ein Gemeinschaftsraum geschaffen werden, der ein Miteinander von Patienten und Betreuern ermöglichte, aber auch der Patienten untereinander, selbst auf die Gefahr hin, dass sich der eine oder andere durch Leidensgefährten gestört fühlte. Aber was heißt in diesem Zusammenhang schon gestört? Sind denn Störungen wirklich so schlimm?

Signalisiert ein Schnarchen oder Stöhnen nicht auch, dass noch jemand da ist?

Störungen bringen Leben in die Bude, befanden wir. Unsere mobilen Bewohner beweisen es jeden Tag, wenn sie von früh bis spät rastlos durchs Heim wandern, und zwar immer dorthin, wo sie anderen begegnen, egal ob Patient, Mitarbeiter oder Besucher. Einige von ihnen haben sich darauf spezialisiert, Pflegenden auf den Fersen zu bleiben. Schattenläufer nennen wir diese anhänglichen Seelen, die natürlich auch zu Störenfrieden werden können, wenn sie selbst dann noch am Rockzipfel einer Pflegenden hängen, die eine Patientin unter die Dusche führen will. In solch intimen Situationen sind wir gefordert, müssen uns was einfallen lassen, ehe die Auseinandersetzung eskaliert. Wie im Fall des Herrn Gerking, der sich hartnäckig weigerte, seine »Leitfigur« und das Bad zu verlassen. Zum Glück tauchte eine Pflegerin auf, die wusste, dass er einst Oberst im Generalstab gewesen war. Sie nahm Haltung an, grüßte militärisch und meldete gehorsamst, dass es im Garten neue Blumenrabatten gebe. Der Herr Oberst möge doch schauen, ob sie ordnungsgemäß in Reih und Glied stünden. Der Herr Oberst ließ rühren und sich im Schatten seiner neuen Leitfigur zur Inspektion in den Garten führen. Die Frontlinie der Pflanzen verlief zu seiner Zufriedenheit.

Wir führen ein Heft, in dem wir solche Anekdoten und Geschichten aus dem Alltag der Sonnweid sammeln. Auf das Titelblatt haben wir ein Zitat des Herrn Berger gesetzt, der seine Pflegerin Magdalena mit einem liebevollen, fast schon poetischen Kompliment beschenkte. Nachdem der alte Herr gewaschen, umgezogen und ins Bett gebracht worden war, ergriff er die Hand der jungen Frau, blickte ihr lächelnd in die Augen und flüsterte: »Das Schönste an dir – bist du!«

Es gehört zu den besten Momenten der Teambesprechungen, wenn sich unsere Pflegekräfte über neue Erlebnisse mit ihren Patienten austauschen. So unterschiedlich sie sich auch abspielen, so zeigt doch jede davon, dass sich unsere Bewohner ihre Unternehmungslust und Neugier bewahrt haben. In den Jahren, die wir mit ihnen gelebt hatten, wurde uns klar, dass diese Eigenschaften im Zustand der Demenz offener und ehrlicher zutage treten als bei Gesunden, die ihre wahren Beweggründe oft hinter Schamgrenzen und Höflichkeitsfloskeln verstecken. Fähigkeiten, diese Eigenschaften auszuleben, schwinden im Verlauf der Krankheit, aber das lebenslange Bedürfnis jedes Menschen, seine Umwelt wahrzunehmen, zu kommunizieren und sich zu bewegen, bleibt erhalten, auch wenn er dabei an Grenzen stößt, weil die Beine nicht mehr tragen oder die Worte verlorengegangen sind. Auch darin waren wir uns einig: Im gleichen Maß wie Bewusstsein schwindet, gewinnt Unbewusstes an Bedeutung. Die Sinne versiegen nicht, wahrscheinlich steigert sich sogar der Wunsch, etwas Gutes zu schmecken, den Duft nach frisch gebrühtem Kaffee zu riechen, den Stimmen der Nachbarn zu lauschen, ihre Bewegungen zu verfolgen und sich selbst wieder zu spüren. Auf dieser Ebene des Unbewussten gilt es, unsere Menschen mit schwerer Demenz anzusprechen. Damit war die Idee eines

Gemeinschaftraumes geboren, und die Taufe folgte spontan und einmütig: Oase sollte dieser Raum heißen, ein Ort der Geborgenheit nach langer Durststrecke.

Visionen sind erlaubt, sofern sie nicht purem Wunschdenken entspringen und dadurch womöglich zu einer Fata Morgana mutieren. Sie führen nur dann zu realen Zielen, wenn ich sie nicht als allgemeine Maxime in die Welt projiziere, sondern sie auch für mich selbst gefunden habe. Bevor ich also allgemeine Konzepte für ein menschenwürdiges Lebensende entwickle, muss ich als ersten Schritt mich selbst fragen, wie es aussehen soll. Erst wenn ich beantwortet habe, wie ich selbst kurz vor dem Tod betreut werden will und was mir dann noch wichtig scheint, darf ich den nächsten Schritt wagen. Nicht einsam zu sterben wäre für mich das Wichtigste. Aus diesem Wunsch, den ich mit meinem Team teilte, entstand schließlich als nächster Schritt die Idee der Oase.

Ich bin ein Anhänger der großen Ideen und der kleinen Schritte. Wir können sehr viel verändern, aber nur, wenn wir die Kunst der kleinen Schritte beherrschen. Die Spielräume, die innerhalb der Heimstrukturen bestehen, haben viel mit solchen kleinen Schritten zu tun. In diesen Freiräumen kann es mir wie im Spiel gelingen, Neues auszuprobieren. Der Erste, der diesen Gedanken formuliert hat, war Friedrich Schiller. Er schrieb: »Der Mensch spielt nur, wo er in voller Bedeutung des Wortes Mensch ist, und er ist nur da ganz Mensch, wo er spielt.« Im Kontext einer Heimstruktur böte das Gedankenspiel die Gewähr, dass Neues, ja selbst Chaotisches in einem geschützten Übungsfeld bleibt. Es passiert noch nichts, es bewegt sich alles noch auf Spielebene, wie es auch in der Diskussionsrunde im Kreis meiner Mitarbeiter geschah, die vor Ideen regelrecht übersprudelten.

Der erste Schritt hieß also: Wände nicht hochziehen, sondern einreißen, um einen Freiraum für Begegnungen von Betreuern und Patienten zu schaffen. Ein einziger lichter Raum für acht Bewohner schwebte uns vor: in der Mitte ein großer Tisch als Treffpunkt, auch für Patienten, die nicht dauerhaft bettlägerig sind. So gut wie nichts sollte an die sterile Klinikatmosphäre der üblichen Krankensäle erinnern. Wo immer möglich, sollten an die Stelle von PVC, Fliesen und Stahl natürliche Materialien treten. Alle Möbel sollten aus hellem Holz bestehen und leicht zu verschieben sein, um Raumvarianten zu schaffen. Das Gleiche galt für die Zwischenwände, sie würden ebenfalls aus hellem Holz sein, jede anders gestaltet, in verschiedenen Formen, mit verschiedenfarbigen Stoffen bezogen und vor allem so flexibel, dass sich ohne großen Aufwand neue Bereiche bilden ließen: darunter Nischen, in denen der Patient für sich sein kann und in der die Intimsphäre beim Waschen und Ankleiden gewahrt blieb.

Vielen Schritten standen damals noch die beschränkten Bedingungen des Altbaus im Weg; erst in den beiden Neubauten, die wir in den Jahren 2002 und 2015 einweihten, konnten wir eigene Rahmenbedingungen schaffen und unsere Vorstellungen ausschöpfen. Aber die Ideen wurden damals gelegt, auch die, dass sich der Raum nach außen öffnen sollte.

Wir brachen also nicht nur Wände im Inneren des alten Kastens ein, sondern öffneten ihn auch zu der Terrasse hin, die ihm vorgelagert war. Unter freiem Himmel durchzuatmen, Sonne und Wind, Kälte und Wärme zu spüren, in Landschaft und Wolken zu blicken, auch das gehört zu den Grundbedürfnissen des Menschen. Selbst im Inneren der Oase wollten wir unseren Patienten den immer gleichen Blick auf eine kalkweiße Decke ersparen. Deshalb gestalteten wir sie zu einem ovalen Gewölbe aus schallschluckenden Holzlamellen, zwischen denen Hunderte winzige Lämpchen glühten – ein Sternenhimmel als Nachtbeleuchtung, der die rabenschwarze Dunkelheit und mit ihr Endzeitängste auflösen sollte. Dazu kommt eine Lichtanlage, die den Raum in wechselnde Farben taucht und immer wieder neu erscheinen lässt. Solche Lichtspiele regen die Sinne an und wirken beruhigend. Zuweilen bescherten sie allerdings auch Überraschungen, wenn die Fenster der Oase rosarot aufglühten und späte Gäste anlockten, die unser Haus für ein Bordell hielten.

Mit diesem kuriosen Image ließ sich leben, es kratzte nicht am guten Ruf der Sonnweid, die durch die Einrichtung der Oase sogar ein noch größeres Ansehen gewann. Fachleute äußerten sich anerkennend. Deshalb fuhr ich 1999 frohgemut nach Frankfurt, wo ich auf einem Kongress des *Kuratoriums Deutsche Altershilfe* (KDA) das Konzept der Oase vorstellen durfte. Ich war gespannt, wie die Teilnehmer auf unser Projekt reagieren würden, ging aber davon aus, dass sich der Kreis aus renommierten Pflegewissenschaftlern, Psychologen,

Sozialarbeitern und anderen Fachleuten unseren Ideen gegenüber aufgeschlossen zeigen würde. Schließlich versteht sich das KDA seit seiner Gründung im Jahr 1962 als »Wegbereiter für eine moderne Altenarbeit« und sieht seine wichtigste Aufgabe darin, »Modelle für die Altenhilfe zu entwickeln«. Mein Referat, mit verhaltenem Feuer gehalten und mit zahlreichen Beispielen gespickt, lieferte ihnen ein solches Modell frei Haus, auf silbernem Tablett serviert.

Nicht dass ich stehende Ovationen erwartet hätte. Erfahrungsgemäß verhalten sich Institutionen wie das KDA gegenüber Innovationen zunächst eher reserviert. Aber von wegen reserviert! Es hätte schlimmer nicht kommen können, denn nach mir trat tags darauf ein Vertreter des KDA ans Pult und eröffnete seinen Vortrag mit einem Schreckensbild, das hinter ihm auf eine Leinwand projiziert wurde. Es zeigte den düsteren Krankensaal einer Psychiatrie des 19. Jahrhunderts, in dem sich zu beiden Seiten fünfzig eng an eng stehende Betten aufreihten.

»Meine Damen und Herren«, rief er. »Wollen wir tatsächlich wieder dahin?!«

Auch seine folgenden Ausführungen gerieten zu einer Art Kriegserklärung gegen unsere Oase. Widerstand schien zwecklos, meine Argumente waren ungehört verhallt, so schien es. Vielleicht würde ihn der Augenschein eines Besseren belehren, dachte ich. Wenige Monate später kam eine Delegation, um sich vor Ort davon zu überzeugen, ob die Oase eine Massenabfertigung von Demenzkranken im Endstadium sei. Einer von ihnen war Hans-Peter Winter, Leiter der KDA-Abteilung Architektur, und mit ihm die Chefetage des Kuratoriums – und danach ging's erst richtig los. Ein Trommelfeuer von Vorwürfen deckte uns ein, bei dem sich Christine Sowinski, Pflege-Expertin des KDA, besonders hervortat. In einem Beitrag für das hauseigene Blatt »Pro Alter« unterstellte sie, dass wir die Bewohner der Oase als »menschliche Hüllen« bezeichneten und entsprechend lieblos behandelten. Unser wichtigstes Pflegeziel sei die »Reizabschirmung« der Patienten, denen wir weder Fernseher noch Radios gönnten, die wir in gedämpftes Licht tauchten und denen sogar Schmerzmittel gäben. So würden sie »schnell zu einer Sache degradiert, die abgearbeitet, abgefertigt werden muss und mit der man, um durchzukommen, möglichst wenig Kontakt aufnimmt«.

Hans-Peter Winter setzte noch einen drauf. Unsere Oase hatte er als einen Ort des »konzentrierten Elends« empfunden, eine »beängstigende Welt«, der man mit Lichteffekten versuche, wieder eine Atmosphäre zu verleihen. Das aber schlüge ins genaue Gegenteil um, »denn so stelle ich mir eher die Vorstufe zum Fegefeuer vor«.

Hin und wieder blättere ich in dem dicken Buch, das 2013, also rund fünfzehn Jahre nach Gründung unserer ersten Oase, erschienen ist. Es beschreibt auf mehr als vierhundert Seiten die zweiundzwanzig Oasen, die zwischen 2006 und 2012 in Deutschland entstanden sind.[5] So ziemlich alles, was Rang und Namen in der deutschen Pflegewissenschaft besitzt, kommt darin zu Wort, und das einhellige Urteil lautet: Im Vergleich zu herkömmlichen Stationen für Schwerdemente mit Einzel- und Doppelzimmern weisen die Bewohner von Oasen weniger Apathie, weniger Essstörungen und Aggressionen auf, zeigen eine gesteigerte Aufmerksamkeit, einen besseren Appetit und nehmen folglich zu. Sie sind geistig und körperlich entspannter und brauchen weniger Beruhigungsmittel. Sie verfügen über vielfältigere Kontakte zu den Pflegenden und erleben mehr Aktivitäten, vor allem Begegnungen, die ihnen Freude bereiten. Auch die räumliche Gestaltung übt eine spürbar positive Wirkung aus, ebenso die Farbgestaltung, Raumakustik und die Stimulation durch Kaffeeduft und andere appetitanregende Aromen, die unseren Bewohnern aus den internen Küchen in die Nase steigen.

Ähnlich positiv bewerten Angehörige die Pflegeoasen im Vergleich zur bisherigen Wohnform in Einzel- und Doppelzimmern. Es entlastet sie spürbar, dass sich das Familienmitglied sichtbar wohler fühlt als vorher und nicht mehr allein ist, wenn der Besucher geht. Sie freuen sich, dass ihr kranker Angehöriger länger wach ist, mit größerem Appetit isst, seine Umwelt aufmerksamer verfolgt und enger in die Gemeinschaft der Betreuenden und Patienten eingebunden ist. Fast überflüssig zu betonen, dass auch viele Pflegende lieber in dieser Gemeinschaft arbeiten, als im Alleingang von einem Zimmer zum nächsten zu hasten. Die Pflege in der Oase belaste sie weniger, heißt es in der Studie, sie mache sie zufriedener und beschere ihnen mehr Erfolge, wenn sie etwas von den Bewohnern zurückerhielten und Freude oder Wohlbefinden bewirkten.

Natürlich freue ich mich, dass unsere Erfahrungen so positiv und kompetent bestätigt wurden. Und Peter Dürrmann, Leiter des Seniorenzentrums Holle bei Hildesheim, war dann der Erste, der in Deutschland eine Pflegeoase einführte. Er hatte erfahren, dass wir seit ein paar Jahren neue Wege in der Betreuung von schwer dementen Menschen gingen. Jedenfalls rief er mich an, bat um einen Besichtigungstermin und tauchte im Mai 2006 bei uns in Wetzikon auf, sechs Frauen im Schlepptau, deren schwer demente Mütter in Einzelzimmern seines Heims dahin dämmerten. Einen Tag lang verfolgten die sechs Besucherinnen die Gegenwelt unserer Oase und bewunderten den bauchigen Sternenhimmel und die Terrasse mit dem weiten Blick in die Landschaft. Am tiefsten beeindruckte sie das bunte und zuweilen turbulente Treiben in dem offenen Raum, das ständige Miteinander von Patienten und Pflegenden, auch die Interaktionen der Bewohner untereinander, von denen jeder seine private Nische besitzt, aber dennoch nie allein gelassen wird. Ihr Fazit am Ende des Tages fiel eindeutig und einstimmig aus: Nie mehr sollten ihre Mütter ihre Tage und Nächte in einem Einzelzimmer verbringen müssen!

Peter Dürrmann war von unserem Konzept schon zuvor überzeugt gewesen und versprach, es so bald wie möglich unter seinem Dach umzusetzen. Doch bevor er die erste Wand einreißen konnte, waren andere Mauern zu durchbrechen.

Ein massives Hindernis bildete das deutsche Heimgesetz, das Neuerungen nicht vorsah und eine so umstrittene Einrichtung wie Pflegeoasen schon gar nicht. Widerstand kam auch von den Pflegekassen und dem niedersächsischen Sozialministerium. Schließlich gelang es ihm, alle Autoritäten an einen Tisch zu bringen. Auch mich hatte er gebeten zu kommen, um einige Details aus dem Nähkästchen meines Erfahrungsschatzes zu kramen. Darin war ich inzwischen geübt, doch den entscheidenden Impuls, der das Projekt durchboxte, gaben die sechs Töchter, die mit uns am Konferenztisch saßen. Ihre Position war eindeutig: Sollte die Einrichtung einer Oase in dem Seniorenzentrum am Widerstand der Institutionen scheitern, würden sie ein Haus mieten, es entsprechend umgestalten und die Betreuung ihrer Mütter mit Hilfe eines erfahrenen Pflegedienstes in die eigenen Hände nehmen.

Das gab den Ausschlag, Dürrmann durfte ans Werk gehen, musste sich allerdings zuvor den Weg durch das Dorngestrüpp von Vorschriften bahnen. Ein Streitpunkt war und ist der Kostenfaktor. Die Rundumpflege in der Oase funktioniert nur, wenn sich mehr Betreuer um die Patienten kümmern, als es in üblichen Ein- und Zweibettstationen die Norm ist. So hatte Dürrmann unter anderem mit föderalen Eigenheiten der Bundesrepublik Deutschland zu kämpfen, in der so ziemlich jedes Land einen eigenen Personalschlüssel für die Pflege dementer Patienten besitzt. Einem Patienten aus Sachsen wird ein geringerer Aufwand zugebilligt als seinem Leidensgefährten aus Niedersachsen. Ich möchte nicht in der

Haut des Heimleiters stecken, der unter solchen Voraussetzungen den Etat seines Hauses kalkulieren muss.

Im November 2006 konnte die Oase in Holle endlich eröffnet werden. Eine vom Land in Auftrag gegebene Studie bestätigte später unsere guten Erfahrungen. Zwei Jahre danach folgte eine zweite Oase in dem Örtchen Adenau. Inzwischen gibt es in Deutschland rund 40 solcher Oasen, was bei etwa zwölftausend Pflegeheimen in Deutschland nicht mehr als eine Träne im Ozean bedeutet. Immerhin eine Freudenträne, denn ein Anfang ist gemacht.

Erfreulich auch, dass Gras über das Schlachtfeld gewachsen ist, auf dem uns damals das KDA attackierte, zumal sich Hans-Peter Winter viele Jahre später entschuldigt hat. Er sei von den Vorzügen der Oase inzwischen überzeugt, bekannte er, und habe sich vom Saulus zum Paulus gewandelt.

Das Konzept hat sich herumgesprochen, und die Praxis zeigt, dass es segensreich funktioniert. Dennoch besteht kein Grund, sich zurückzulehnen. Immer noch herrschen in vielen Pflegeheimen Missstände. Anlass zur Sorge und Empörung liefern die Argumente einer Klage, die vor dem Karlsruher Bundesverfassungsgericht ein »pflegerisches Existenzminimum« für die siebenhundertfünfzigtausend Bewohner deutscher Altersheime fordert. Die Klageschrift prangert zahlreiche Missstände an, die in der Mehrzahl deutscher Pflegeheime zur Tagesordnung gehören. Ein Leitartikel der *Süddeutschen Zeitung*, Ende 2014 unter dem Titel »Aufschrei gegen den Pflegenotstand« erschienen, hat sie aufgelistet.

Demnach ist es kein Einzelfall, dass Patienten nur alle vier Wochen geduscht werden, dass es keine Zahnpflege gibt und sie oft stundenlang in eingekoteter Kleidung ausharren müssen. Medikamente werden nicht oder nur unzuverlässig verabreicht, Notrufe nicht beachtet, in der kalten Jahreszeit werden die Patienten ab sechs Uhr abends in ihren Zimmern eingesperrt. Ebenso übel wie üblich ist auch die sogenannte Fixierung, also die Fesselung von Patienten, was zum Tod durch Strangulation führen kann. Moniert wird in der Klage außerdem, dass Demenzkranke mit Psychopharmaka ruhiggestellt werden, um Personal einzusparen, ebenso die mangelnde Vorsorge gegen Druckgeschwüre bei bettlägerigen Patienten. Ein weiterer Skandal sei, dass viel zu viele Patienten per Magensonde ernährt würden, also mit einem Schlauch im Bauch leben müssen.

Sicher wäre Pflegenden und damit auch ihren Patienten schon sehr gedient, wenn man den sogenannten Personalschlüssel aufstocken würde. In der Sonnweid kümmert sich in der Regel eine Pflegekraft um drei Patienten, und zwar nicht nur in den Oasen, sondern auch im Heim und in den Wohngruppen. In schwierigen Situationen betreut sie lediglich zwei Kranke. Im Fall eines extrem schwierigen Demenzkranken ist es sogar manchmal nötig, dass ständig einer von uns an seiner Seite bleibt. Bedenkt man, dass der Personalschlüssel in den meisten deutschen Pflegeheimen um ein Vielfaches unter dem der Sonnweid liegt, dass sich also eine Pflegekraft gleichzeitig um ein halbes oder ganzes Dutzend und mehr Patienten kümmern muss, wird klar, dass die Pflegekraft über kurz oder lang überfordert ist.

Rund ein Viertel unserer Patienten gehört zu den sogenannten schweren Fällen, wobei die Bettlägerigen und Apathischen die wenigsten Probleme bereiten. Anstrengender und zeitintensiver ist es, die ziellos durchs Haus wandernden Bewohner zu betreuen, noch aufreibender, diejenigen zu erreichen und zu beruhigen, die schreien oder aggressiv sind. Wir sind dazu übergegangen, unsere Pflegekräfte in eigenen Kursen auf ihre Aufgaben vorzubereiten. Davon wird noch in einem späteren Kapitel die Rede sein. An dieser Stelle wollen wir noch einmal Markus Kürsteiner über die Schulter schauen, um uns zeigen zu lassen, welches Maß an Gelassenheit und Feingefühl, Einfallsreichtum und Toleranz manchmal nötig ist, um diese Herausforderungen zu meistern.

Im Moment herrscht Chaos in der Oase. Frau Meister hockt am Boden und räumt den Pflegeboy aus. Cremedosen und Salbentuben fliegen durch den Raum, es folgen Waschlappen und Einlagen. Gleichzeitig hat sich Herr Blank vom Tisch erhoben und lässt seine Hose fallen, während im Bett daneben Frau Schwarz schreit, weil sie sofort heraussteigen will. Ein Blick zeigt, dass ihr zuerst geholfen werden muss, denn sie schwingt gerade die Füße auf den Boden und versucht aufzustehen. Leider kann sie sich nicht mehr allein auf den Beinen halten und droht zu fallen. Im letzten Moment gelingt es, sie aufzufangen. Zufrieden sitzt sie jetzt im Rollstuhl am Tisch und beobachtet Pflegerin Beate, die mit Putztuch und Kübel angerückt ist, um die Bescherung des Herrn Blank zu bereinigen. Inzwischen vollendet Frau Meister ihr Zerstörungswerk, indem sie einen Zipfel der Tischdecke packt und sie mit einem Ruck herunterreißt. Tassen und Teller klirren zu Boden und komplettieren das Sammelsurium aus Binden und Tuben rund um Frau Meister herum.

»Nichts passiert«, sagt Kürsteiner. »Weder Verletzte noch Traurige oder Überforderte. Solche Situationen sind wir gewohnt. Meist sehen wir sie rechtzeitig voraus. Dieses Mal halt nicht.«

Aber noch ist Frau Meisters Tatendrang nicht gestillt. Jetzt versucht sie, das Laken aus einem Bett zu zerren, was sich als schwierig erweist, weil Herr Brade darauf liegt. Der schimpft lauthals und zu Recht, aber Frau Meister lässt nicht locker, strahlt übers ganze Gesicht und schafft es fast, das Laken samt Herrn Brade auf den Boden zu befördern. Kürsteiner füttert gerade Frau Knecht, die brav den Mund öffnet, wenn er ihr den Löffel mit Kartoffelbrei vor die Lippen hält. Dabei nimmt er hin, dass sie in den Teller greift und eine Handvoll Brei auf dem Tisch verteilt. Auch dem Treiben von Frau Meister sieht er gelassen zu, denn er weiß aus Erfahrung, dass sie minutenschnell von einer Aktion zur anderen wechselt.

»Sie steckt voller Energie und ist immer in Bewegung«, berichtet er. »Als sie vor einem halben Jahr zu uns kam, stürzte sie immer wieder und verletzte sich. Deshalb mussten wir sie außerhalb ihres Bettes immer eins zu eins betreuen.«

Nach ein paar Tagen bemerkte er, dass Frau Meister nicht

mehr versuchte aufzustehen, wenn er sie auf den Boden setzte. Seitdem lebt sie ihren Bewegungsdrang aus, indem sie auf dem Gesäß durch die Gegend rutscht.

»Von da an bestand keine Sturzgefahr mehr«, sagt Kürsteiner. »Und ihre Beruhigungsmittel konnten wir auf eine nahezu homöopathische Dosis reduzieren.«

Herr Brade hat es auch ohne die handgreifliche Hilfe von Frau Meister geschafft, sein Bett zu verlassen. Er sitzt neben Pflegerin Beate am Tisch, taucht einen Keks in den Kaffee und mümmelt ihn genüsslich. Auch darüber freut sich Kürsteiner. Herr Brade gehörte einmal zu seinen Sorgenkindern, weil er sich nach seinem Einzug in die Oase beharrlich weigerte zu essen. Ob man ihm Torte oder Braten, Suppe oder Obstsalat vor die Nase setzte, nichts davon nahm er an, saß jedes Mal mit gesenktem Kopf wie versteinert am Tisch und magerte immer mehr ab. Warum nur?, fragten sich die Betreuenden. An Schluckbeschwerden litt er nicht, auch nicht an Zahnschmerzen, denn er hatte keine Zähne mehr. Aber was war's dann? Das Rätsel löste sich, als sich Pflegerin Beate an ein Detail seiner Lebensgeschichte erinnerte. Herr Brade stammte aus einer sehr frommen Familie, in der vor jeder Mahlzeit gebetet worden war. Das war's! Setzte sich nun jemand neben ihn an den Tisch und faltete die Hände, tat er es auch und langte danach ordentlich zu.

Ruhe ist die erste Pflegerpflicht. Markus Kürsteiner bewahrt sie auch, als sich im Hintergrund die Herren Ruder und Beitel in die Haare kriegen. Wie schon so oft hat Herr

Beitel am Abend seinen Nachbarn verjagt, weil er glaubt, dass dessen Bett seiner Frau gehört. Man wird also einen von beiden umquartieren müssen, wahrscheinlich ins Bett des Herrn Steiger, der vor ein paar Tagen gestorben ist.

Ein eigenwilliger Mensch war das, der die Pflegekräfte oft an ihre Grenzen geführt hat wie kaum ein anderer Patient. Trotzdem hatte auch dieser Mann in den zehn Monaten seines Aufenthalts in der Oase den Respekt und die Sympathie der Betreuer.

Lange Jahre hatte er in Australien gelebt, er litt an Epilepsie, und als Demenz dazu kam, wollte er in die Schweiz zurück. Im Flugzeug bekam er kurz nach dem Start einen Anfall, er drehte durch, griff die Stewardessen an und stürmte das Cockpit, so dass sich der Pilot gezwungen sah, notzulanden. Als er schließlich in der Schweiz ankam, lieferte man ihn sofort in die geschlossene Abteilung einer Psychiatrie ein.

Als er aus der Psychiatrie zu uns kam, war er ein Häufchen Elend. Bis oben hin sediert, hing er im Rollstuhl, konnte weder essen, stehen noch reden. Dennoch versuchte er immer wieder, sich aufzurichten, und musste ständig begleitet werden, weil er zu stürzen drohte. Dabei wirkte er trotz seiner siebzig Jahre keineswegs gebrechlich, sondern war körperlich gut beieinander, eine sportliche Erscheinung. Von daher musste es doch möglich sein, ihm wieder auf die Beine zu helfen. So beschloss es Kürsteiner gemeinsam mit unserem Heimarzt.

Die erste Maßnahme bestand darin, die Beruhigungsmittel

zu reduzieren, auf die man ihn in der Psychiatrie eingestellt hatte. Ein Risiko, denn die Neuroleptika bekam er als sogenannte Erhaltungsdosis; weniger davon, so hieß es, würde kaum noch einen Nutzen erzielen. Nur, welcher Nutzen konnte darin liegen, dauerhaft im Rollstuhl abzuhängen, wenn es vielleicht auch anders ging, deshalb halbierten wir die Dosis. Das Wagnis zahlte sich aus. Zwei Tage später berichtete Pflegerin Beate, dass sich unser Australier morgens am Bettgitter hochgezogen hatte, das ihn davor schützen sollte, nachts aus dem Bett zu rollen. Er hatte eine Weile versucht, das Gleichgewicht zu halten. Der Wille, wieder ins Leben einzutreten, war offensichtlich vorhanden, jetzt kam es darauf an, ihm dabei Schritt für Schritt zu helfen. Ein Fall für Katharina Haas, unsere Trainerin für Kinästhetik.

Schon als Unfallsanitäter habe ich all die elementaren Griffe gelernt, mit denen sich ein Patient auf eine Trage oder in einen Rollstuhl verlagern lässt, doch wenn ich Kinästhetik-Fachleute wie Katharina Haas oder Thomas Buchholz bei der Arbeit beobachte, erkenne ich, dass sie nicht nur Hilfestellungen leisten, sondern einen Lernprozess einleiten. Der Begriff Kinästhetik setzt sich aus den griechischen Wörtern für *bewegen* und *beherrschen* zusammen, bezeichnet also ein Trainingsprogramm, das lehrt, Bewegungsabläufe zu kontrollieren. Normalerweise steuern wir unsere Bewegungen unbewusst, müssen also nicht darüber nachdenken, wie beim Sitzen, Aufstehen oder Gehen das Gleichgewicht zu halten ist. Zum Glück. Denn schon bei einem simplen Schritt vor den anderen ist eine verwirrende Vielzahl unserer gut sechshundert Muskeln und dreihundert Gelenke beteiligt.

Demente Menschen leben ausschließlich in der Gegenwart. Was war und was wird, berührt sie nicht. Sie agieren und kommunizieren einzig im Hier und Jetzt. Probleme stellen sich jedoch, wenn mit der Erinnerung auch notwendige Automatismen verlorengegangen sind und mit ihnen die Fähigkeit, Abläufe des nächsten Augenblicks zu gestalten. In ihren Kursen demonstriert Katharina Haas an einem einfachen Beispiel, wie man sich in diesem Zustand fühlt: Sie bittet die Teilnehmer, ein Weilchen mit geschlossenen Augen auf einem Bein zu stehen und darauf zu achten, wie sie ständig Unsicherheiten ausgleichen müssen, um nicht die Balance zu verlieren. Sie erfahren dabei, dass sie eigentlich nur stehen können, indem sie verhindern umzufallen.

Unsere Erfahrungen mit dementen Menschen zeigen, dass sie oft noch lernfähig sind – und ein Paradebeispiel dafür verkörperte Herr Steiger, der bei Katharina Haas in verblüffend kurzer Zeit lernte, nicht mehr umzufallen.

Ihre Methode bestand darin, ihm dabei so wenig wie möglich zu helfen. Sie arbeitete stattdessen mit Lernangeboten, durch die er sich Schritt für Schritt selbst erfahren konnte. Als es ihm noch schwerfiel, sich aufzurichten und das Gleichgewicht zu halten, stützte sie ihn, aber nur so kurz und behutsam, dass er ihren Hilfsgriff nicht als Eingreifen empfinden musste. Bald darauf stand er so sicher, dass sie es schon mal wagten, die Rollen zu tauschen, indem sie die Hand ausstreckte, um sich von ihm aus der Sitzposition in den Stand ziehen zu lassen. So übertrug sich ihr Vertrauen, dass er es schaffen würde, sich aus eigener Kraft aufzurappeln, nach und nach auf ihn. Wir hätten fast applaudiert, als die beiden zwei Wochen später nebeneinander durch die Oase spazierten: er einen halben Schritt voran, als einzigen Halt ihren kleinen Finger in der Hand.

Auch diese Stütze brauchte er bald nicht mehr. Selbständig erkundete er fortan das Heim, wanderte durch den Garten, fand sogar den vierstelligen Code für die Ausgangstür heraus und stromerte durch Wetzikon, fand aber zum Glück zurück. Er lernte wieder halbwegs verständlich zu sprechen und wütete, wenn er die richtigen Worte nicht fand. Eigentlich hätte er die Rundumbetreuung der Oase gar nicht mehr nötig gehabt, aber als ihn Markus Kürsteiner in eine Abteilung des Heimbereichs führte, um ihm einen Umzug in ein Zweibettzimmer nahezulegen, kehrte er auf den Hacken um, schob sein Bett in eine Ecke im Gang und verbarrikadierte sein Refugium mit einer unserer variablen Zwischenwände, von der er die Bespannung abmontiert hatte, um sie als Kleiderständer zu nutzen.

Schon darin zeigte sich, dass er handwerklich einiges draufhatte, deshalb freute sich Kürsteiner, als sein Schützling um Säge, Schraubenzieher, Hammer und Zangen bat, weil er ein Vogelhäuschen zimmern wollte. Da seine Geldmittel beschränkt waren, spendierte ihm Kürsteiner die Sachen aus der eigenen Heimwerkstatt und durfte bald darauf das Ergebnis bewundern: etwas krumm und schief war es geraten, aber durchaus als Vogelhäuschen zu erkennen.

Der nächste Grund, ein Werk des tatkräftigen Mannes zu bewundern, ergab sich ein paar Tage danach an einem Gewitterabend, als eine Pflegerin das Fenster in der Ecke des tatkräftigen Herrn Steiger schließen wollte. Es fiel ihr samt Rahmen entgegen, weil der Mann sämtliche Halteschrauben herausgedreht hatte.

Oft werde ich nach dem Pflegekonzept der Sonnweid gefragt. Meine Antwort befriedigt nicht jeden. Es gibt nämlich keines. Lediglich mit einem Pflegekonzept für unseren ungestümen Herrn Steiger oder unsere agile Frau Meister können wir dienen. Oder für den frommen Herrn Brade. Oder für jeden einzelnen unserer einhundertfünfzig Patienten. Und jedes Jahr kommen fünfzig neue dazu.

Heiliger Alois, hilf!

*Die Frage bewegt jeden von uns, auch mich:
Was geht in einem Menschen vor, der sich in
der Alzheimer-Welt wiederfindet? Ein Selbstversuch.*

Lieber Alois Alzheimer,
bitte erschrick nicht, weil ich dir schreibe. Aber es drängt mich, dir ein paar Sachen zu erzählen. Du kennst mich zwar nicht, aber dafür kenne ich dich – und das viel besser, als mir lieb sein kann. Denn meine Krankheit trägt deinen Namen. Und weil wir uns dadurch sehr nahestehen, darf ich dich doch duzen, oder?

Also, mein Lieber, du hast da vor über hundert Jahren mit deiner Entdeckung einen schönen Schlamassel angerichtet. Klar, du warst felsenfest davon überzeugt, dass deine Diagnose der Menschheit und dem Fortschritt dienen würde. Ich sehe das allerdings etwas anders. So segensreich, wie du es dir vorgestellt hast, hat sich die Entdeckung der Krankheit nämlich keinesfalls ausgewirkt. Nimm als Beispiel den Playboy, der mal mit dieser heißen französischen Schauspielerin verheiratet war und sich trotzdem eine Kugel in den Kopf gejagt hat, weil er auf einmal glaubte, zur Alzheimer-Familie zu gehören. Schöne Diagnose, die sogar Playboys in den Selbstmord treibt! Was soll erst einer wie ich dazu sagen, der alles andere als ein Playboy ist?

Richtig, ich hab mich ja noch gar nicht vorgestellt. Verzeih, aber ich bin in letzter Zeit ein wenig zerstreut. Ist auch nicht so wichtig, weil ich offenbar nicht mehr der bin, der ich mal war, sondern nur noch Träger einer Diagnose, kurz gesagt: ein Alzheimer. Spielt es da noch eine Rolle, dass ich früher mal ein treusorgender Familienvater mit Frau, Kindern und Enkeln war? Einer dieser Bildungsbürger, linksliberal und in der Studienzeit etwas aufmüpfig? Weiß nicht mehr genau, ob's Ende der sechziger Jahre war oder um die Jahrtausendwende, auf jeden Fall war ich bei vielen Demos dabei. Zum Beispiel gegen Nachrüstung und Atomkraft, kann auch der Radikalenerlass oder Stuttgart 21 gewesen sein, egal, Hauptsache dabei sein, so lautete damals die Devise. Für mich eigentlich heute noch. Die Altvorderen wachzuküssen, darum ging's, auch wenn es ein Pferdekuss war, mit dem wir versuchten, sie aufzurütteln. So etwas würde ich gern auch den Typen verpassen, die in deinem Namen auf mich losgelassen werden.

Leider gehören meine Leidensgenossen und ich zu den Stillen im Lande. Hab noch nie gehört, dass es mal so was wie eine Demenzdemonstration gegeben hätte. Nötig wäre sie allemal, wenn man sieht, wie die meisten von uns nach Strich und Faden belogen werden. Aber auch ohne Demos errege ich die Aufmerksamkeit der Gesellschaft, ob ich das nun will oder nicht. Da werden meine Frau und Kinder in Gesprächsgruppen auf meinen Fall oder gar Verfall vorbereitet.

An allen Ecken und Enden entstehen Beratungsstellen, werden demenzgerechte Kommunen gegründet, Nachbarschaftshilfen organisiert und weiß der Teufel, was sonst noch, ohne dass sich im Grunde irgendwas zum Besseren wendet. Seit neuestem gibt es für uns Alzheimer-Kranke in der Schweiz sogar eine nationale Demenzstrategie mit tollen Reformen, die aber nix kosten dürfen.

Ich gäbe was drum, wenn mich eine dieser Reformen von den blöden Fragen erlösen würde, die mir irgendwelche Typen dauernd stellen. Zum Beispiel will man ständig von mir wissen, wie ich heiße, wann ich geboren wurde, welchen Monat wir haben und all so Zeugs. Die Antworten auf diese Fragen, die nie wichtig für mich waren, bekommen Punkte, die besagen, wie viel Alzheimer ich habe. Eine Uhr musste ich auch noch malen, Kinderzeug, hab sie absichtlich falsch gemalt, alle Ziffern kreuz und quer im Kreis verteilt. Oder war's in falscher Reihenfolge? Egal, solche Assessments, wie sie diese Tests nennen, bringen einen Alzheimer wie mich in eine ziemlich peinliche Lage, weil sie mir vor Augen führen, was ich nicht mehr draufhabe. Aber angeblich machen die das alles zu meinem Besten, auch wenn ich dabei als blöd, nutzlos und lästig dastehe. Ich weiß, lieber Alois, dass du die Demenz nicht erfunden, sondern nur ihre Spuren im Gehirn einer Frau entdeckt hast. Aber konntest du nicht irgendwie verhindern, dass man damit hundert Jahre später einen solchen Rummel in deinem Namen veranstaltet?

Ich muss es ausbaden, denn inzwischen hat sich alle Welt

auf meine Diagnose eingeschossen. Ich bin auf verquere Art attraktiv, vermutlich weil sich mit mir und meinesgleichen ziemlich viel Geld verdienen lässt. Wir sind ein Markt. Inzwischen lassen sich landauf, landab mit sogenannten Seniorenresidenzen goldene Nasen verdienen. Schön, nicht wahr? Dank dir, lieber Alois, tragen wir also zum Bruttosozialprodukt bei, auch wenn es dabei nicht immer mit rechten Dingen zugeht. Das geschieht häufiger bei Unternehmungen, die große Profite erwirtschaften. Schon dein Zeitgenosse, der Schriftsteller Honoré de Balzac, hat mal gesagt, dass hinter jedem großen Vermögen ein Verbrechen steht. Na ja, jemanden anzulügen ist vielleicht noch kein Verbrechen, aber toll ist es auch nicht. Deshalb lautet meine Frage an dich, ob man mich anlügen darf, nur weil ich Alzheimer habe. Es passiert jetzt dauernd, dass Menschen mir Dinge sagen, die gar nicht stimmen können. Aber sie tun dann so, als ob sie es besser wüssten.

Überhaupt geschieht alles immer nur zu meinem Besten. Dazu gehört auch, dass sie mir den Führerschein abgenommen haben. Als ich mich darüber beschwert habe, versichert mir doch irgend so ein Typ, dass ich bald wieder Auto fahren darf. Was soll ich davon halten? Absurd auch, dass ein anderer behauptet, meine Frau sei schon achtzig, dabei bin ich selber ja erst vierzig. Da stimmt doch was nicht! Wenn ich daraufhin bitte, meine Frau besuchen zu dürfen, sagen sie: Gleich morgen werden Sie abgeholt und dürfen nach Hause. Wenn man das Woche für Woche hört, ohne dass es losgeht, merkt schließlich selbst einer wie ich, dass er belogen wird. Ich habe nämlich lichte Momente!

Am nervigsten ist, dass die immer mit einer säuselnden, angeblich alles verstehenden Weichspülerstimme auf mich einreden, die mich sowieso gleich misstrauisch macht. Dann werde ich traurig und möchte wieder heim. Würde mich doch wenigstens jemand trösten! Wenn ein Kind stürzt und sich das Knie aufschlägt, nimmt die Mutter es in den Arm. Denn das Knie tut weh. Ich möchte auch in den Arm genommen und getröstet werden, denn auch in der Seele kann es weh tun.

Der Alte, mit dem ich das Zimmer teile, ist schlimmer dran als ich, der findet beim Essen nicht mehr mit dem Löffel in den Mund und wird deshalb gefüttert. Dauert oft eine Stunde, ehe er ein paar Happen runtergewürgt hat, wobei er sich immerzu verschluckt und dann alles wieder aushustet. Auch sonst kann er nicht mehr viel machen, weil die Arthritis seine Hände verkrüppelt hat. So einem sollte man ab und zu über den Kopf streicheln, ihm was Nettes sagen und ihn in seinem Rollstuhl durch die Gegend schieben, am besten dorthin, wo was los ist, damit er noch ein bisschen was vom Leben mitkriegt. Stattdessen sitzt mal wieder dieser Mensch bei uns am Tisch, Ergopeuth oder so ähnlich heißt er. Der breitet ein Leinendeckchen vor dem Alten aus, klemmt ihm einen Stempel zwischen die Finger, packt seine Hand und drückt damit den Stempel auf das Deckchen. Bläuliche Männchen, Sternchen und Blümchen sind danach darauf zu sehen. »Das haben Sie aber schön gemacht«, säuselt er. Verarschen kann ich mich selber, würde mein Zimmernachbar wahrscheinlich antworten. Wenn er noch reden könnte.

Als ich noch kein Alzheimer hatte, wurde ich weniger angelogen, aber vielleicht habe ich es damals einfach nicht bemerkt. Heute kann ich mich mehr auf mein Gefühl verlassen, irgendwie funktioniert das besser als früher, vielleicht weil ich weniger Verstand habe. Ich spüre sofort, wenn mich jemand anlügt. Wie neulich, als mir ein Mann vor die Nase gesetzt wurde, der mit mir singen wollte. Ehe ich begriff, worum es ging, legte er schon los. Irgendein Lied vom Wiedehopf, der für irgendeine Braut den Kaffeetopf bringt und ähnlichen Mist. Dauernd grinste er mich an, winkte mir zu und rief zwischendurch immer wieder: »Und jetzt alle!« Ich brauchte eine Weile, ehe ich kapierte, dass er im Fernseher war und nur so tat, als ob er mit mir singen wollte. Und dann auch noch solchen Kinderkram! Hätte wohl wenig Zweck gehabt, ihn um andere Songs zu bitten. Zum Beispiel irgendwas von den Stones, *Sympathy For The Devil* oder *Satisfaction*. Denn im Gegensatz zu diesem Knödeltenor mit seinen Kinderschnulzen komme ich aus der Rock-Szene.

Apropos Rock: Mir gefällt es viel besser, wenn eine Krankenschwester um mich ist, die nicht in Hosen rumläuft, sondern in einem Rock. Die haben doch so schöne Beine, die jungen Dinger. Dazu passt mein Erlebnis mit Schwester Simone, die mich gestern ins Bett gebracht hat. »Sie sollten sich schämen«, sagte sie, nachdem ich sie gebeten hatte, sich zu mir zu legen. »Ein Mann in Ihrem Alter!«

Da drängen sich doch einige Fragen auf. Warum bloß soll ich mich schämen, wenn ich eine Frau toll finde und ihren Körper spüren will? Und was hat das mit meinem Alter zu tun? Müsste ich mich etwa nicht schämen, wenn ich es verschweigen würde? Oder jünger wäre?

Wo war ich stehengeblieben? Ach ja, bei dem Typen, der mir gegenübersaß, bis ich merkte, dass er gar nicht da war und trotzdem mit mir singen wollte. Das hat mich verwirrt. Noch verwirrter machte mich, dass er mir auf einmal verschiedene Sachen zeigte, die ich benennen und mir merken sollte. Ich weiß nicht mehr, was er da alles hervorkramte, in die Höhe hob und wieder weglegte. Jedenfalls kam ich mir richtig blöd vor, weil ich schon nach kurzer Zeit nicht mehr durchblickte. Aber eines merkte ich sofort, nämlich, dass er mich für dumm verkaufen wollte. Genau wie die diplomierte Pflegefachkraft, die neben mir saß und ins gleiche Horn blies: »Ist doch ganz einfach. Eine Mistgabel ist das, das wissen Sie doch noch. Die haben Sie doch sicher schon mal gesehen. Oder?« In diesem Stil ging es weiter: Der Typ redete und sang, sang und redete, dabei redete er eigentlich mit niemandem. Wie saublöd muss man sein, um mit jemandem zu reden, der gar nicht da ist? Wie nennt man die Krankheit, die der hat? Weißt du was darüber, lieber Alois? Findest du es nicht auch ziemlich frech, mich mit diesem Typen zusammenzusetzen? So darf man mit mir nicht umgehen, auch wenn ich Alzheimer habe. Dann erst recht nicht. Hat sich doch inzwischen rumgesprochen, dass wir dünnhäutig sind, gibt sogar einen Fachbegriff dafür, vulnerabel, also besonders leicht zu verletzen. Trotzdem machen die so ein Zeug mit uns.

Neulich haben sie mir sogar ein Ding in die Hand gedrückt, das wie ein kleines Tablett aussieht und deshalb auch so heißt. Ich sollte bitte recht vorsichtig damit umgehen, weil es eine demenzgerechte Innovation und entsprechend teuer sei. Das Tablett ist nämlich nicht dazu da, um Teetassen drauf abzustellen, sondern es soll mir Filme und Musik vorspielen, Geschichten erzählen und Rätsel aufgeben. »Ganz einfach zu handhaben«, versicherte mir die Pflegekraft im Hosenanzug. »Selbst einer wie Sie schafft das.«

Nun frage ich dich, mein Alois, warum in aller Welt soll mir nicht ein Mensch, sondern ein idiotensicheres Tablett etwas erzählen und vorspielen? Könnte es daran liegen, dass dieser Mensch noch teurer ist als so ein Tablett? Ist denn all dieses moderne Zeugs verlogen? Wem kann ich überhaupt noch trauen? Was ist wahr, wenn man Alzheimer hat, und was ist wahr, wenn man kein Alzheimer hat? Gibt es da Unterschiede – und hast du darüber auch geforscht?

Manchmal glaube ich, dass ich im falschen Film bin. Dann fühle ich mich wie die Frau in diesem Film, die so krank war, dass sie nicht mitgekriegt hat, wie ihre DDR nach der Wende zusammengebrochen ist. Um sie vor Stress und Angst zu bewahren, versucht der Sohn, die DDR für sie am Leben zu erhalten. Das kriegt er mit allen möglichen Tricks und Machenschaften auch eine Zeitlang hin, und alles nur, weil er annimmt, dass es gut für seine Mutter ist, wenn sie die Wahrheit nicht erfährt. Aber schließlich merkt sie doch, dass ihr Lügen aufgetischt werden. *Good Bye, Lenin.* Good Bye, Lüge. Falsche Tatsachen vorzuspiegeln, ist kein Liebesdienst.

Das Problem beginnt schon damit, dass man uns in schwierige und weniger schwierige Alzheimer unterteilt. Über die weniger Schwierigen, die man mit ihrem Rollstuhl in einer Ecke abstellen kann, denke ich nicht weiter nach, weil mir davor graut, auch irgendwann wie mein Zimmernachbar behandelt zu werden. Noch gehöre ich ja zu den Schwierigen, die deshalb so genannt werden, weil sie mobil sind und gelegentlich Widerstand leisten. Zum Beispiel wollen wir Schwierigen nach Hause, will ja jeder am Abend. Einmal ist es mir sogar fast gelungen, weil das Törchen im Gartenzaun offen stand. Bin also Richtung Heimat losmarschiert und nach einer Weile in einer Siedlung gelandet, die mir bekannt vorkam. Eines der Häuser erinnerte mich an mein eigenes. Die Tür war nicht verschlossen, also bin ich reingegangen. Eine alte Dame saß im Lehnstuhl vorm Fernseher, die könnte meine Frau gewesen sein, denn sie war freundlich und gefiel mir. Ich setzte mich aufs Sofa, und wir plauderten recht nett miteinander. Wie früher. Doch die Wanderung hatte mich müde gemacht, deshalb bin ich wohl eingenickt. Weiß nicht mehr, wie ich ins Heim zurückgekommen bin, aber an das Geschimpfe der Pflegefachkraft erinnere ich mich noch. Große Sorgen habe sie sich gemacht und ich solle sie nicht zwingen, mich anzubinden oder irgendwie ruhigzustellen.

Dabei wollte ich doch nur nach Hause, will es immer noch,

und die anderen Schwierigen wollen es auch. Deshalb hat die Heimleitung sich was ausgedacht, damit man uns nicht einsperren oder fesseln muss: den Demenzgarten. Der ist vor der Tür und sieht aus wie jeder stinknormale Garten, mit Bäumen, Sträuchern und Blumenbeeten, drum herum ein mannshoher Zaun und mittendrin ein Stück Straße mit einer Bushaltestelle. Die hat alles, was so eine Haltestelle braucht: eine überdachte Wartebank, Fahrpläne und das Halteschild am Straßenrand. Fehlt nur der Bus, der uns nach Hause bringen würde, aber da kannst du dir den Hintern plattsitzen, der kommt und kommt nicht. »Nur Geduld«, sagte die Pflegefachkraft. »Der Bus hat ein wenig Verspätung, warten Sie noch ein Weilchen.«

War aber gar nichts, kam keiner, kam noch nie einer. Alles gelogen, und wieder hatte ich das Gefühl, nur weil meine Krankheit deinen Namen trägt, macht man so was mit mir. Demenzgarten. Therapiegarten, dass ich nicht lache! Schöne Therapie ist das. Wer wird da geheilt? Ich jedenfalls nicht. Sag, Alois, ist das ethisch vertretbar? Seit ein paar Jahren wird ja alles ethisch betrachtet, aber offenbar nur, um bessere Gründe für die Lügerei zu haben.

Stell dir vor, neulich hab ich bei uns eine Frau mit Alzheimer gesehen, die hatte eine Robbe im Arm. Ja, du hast richtig gehört: eine echte Robbe. Wahrscheinlich hat die Frau schon als Kind mit Robben gespielt, haben wir ja alle. Denn die gab's damals wie Sand am Meer, schön, dass sie wieder im Kommen sind. Die Alzheimerin hat sogar mit der Robbe gesprochen: Paro heißt das Tierchen. Ich durfte es mal kurz halten, aber vorher wurden mir die Hände mit einem Tuch abgewischt, das nach Krankenhaus roch. Das putzige Tierchen fühlte sich warm und plüschig an und hat mit Flossen und Kopf gewackelt, wenn man es mit Namen rief. Leider ist es mir auf einmal aus der Hand gerutscht und auf den Boden geplumpst. »Macht nichts«, sagte die Aktivierungstherapeutin, hob es auf und drückte auf einen Knopf, der dem Tier aus dem Nabel ragte. Danach hat Paro nicht mehr gewackelt und wurde im Schrank verstaut, wo noch ein paar andere Paros rumlagen. Da hab ich gemerkt, dass das Viech gar nicht echt war, und hab deshalb die Aktivierungstherapeutin beschimpft. »Beruhigen Sie sich doch«, sagte sie. »Der Patientin hat es doch gutgetan, dass Paro mit ihr gekuschelt hat.«

Toll, nicht wahr? Aber wäre es nicht besser gewesen, wenn jemand Echtes mit der alten Frau gekuschelt hätte?

Wo ich auch hinschaue, überall werde ich belogen. Sogar im Fernsehen. Wie man den Apparat bedient, weiß ich noch, deshalb zappe ich gern mal durch die Programme: *Tagesschau*, *Schlag den Raab* oder Tierfilme. Nur Arztserien mag ich nicht, weiß der Himmel, warum. Den anderen Alzheimern, die mit mir vor dem Kasten hocken, ist es recht, die meisten schlafen ohnehin nach ein paar Minuten ein. Wäre ich neulich auch beinahe, aber dann schreckte ich auf, weil eine Sendung über unsere Krankheit kam. Meine Güte, was sich die Menschheit alles zu unserem Besten einfallen lässt! Der Film zeigte ein paar alte Leute, die in einem Zugabteil saßen und aus dem

Fenster in die Landschaft schauten. Grüne Hügel, Wäldchen, Telegraphenmasten zogen vorbei. Könnte der Schwarzwald sein, dachte ich, während noch einmal grüne Hügel, Wäldchen und Telegraphenmasten vorbeisausten und noch einmal und noch einmal, wieder und wieder. Ist ja auch eine schöne Gegend, die man sich gar nicht oft genug anschauen kann. Dachte ich, bis ich spitzkriegte, dass die Fahrgäste in einem Pflegeheim waren und gleichzeitig in einem Abteil von Pforzheim nach Freiburg fuhren. Das brachte mich total durcheinander, weil man doch nicht gleichzeitig in einem Zug und in einem Heim sein kann. Wie soll das gehen? Zum Glück schien es den alten Leuten in dem Abteil zu gefallen, sie wurden ja auch von einem richtigen Schaffner in blauem Tuch und rotem Schlips mit Kaffee und Kuchen bedient. Gute Fahrt, wünschte der Schaffner und legte zwei Finger an die Schirmmütze, während vorm Abteilfenster wieder dieselben grünen Hügel, Wäldchen und Telegraphenmasten vorbeizogen.

Und dann kam noch ein Dörfchen vor, wie auf einer Postkarte, die man aus dem Urlaub schickt. Fachwerkhäuschen, ein Kirchlein, sogar ein Misthaufen vor einer Kate, alles wie früher. Nur dass ein mannshoher Zaun das Paradies absperrte, passte nicht so recht ins Bild. Ebenso der Supermarkt. Aber der sei wichtig, sagte eine Stimme aus dem Fernseher. Da könnten nämlich die Alzheimer so viel einkaufen wie sie wollten und bräuchten nicht mal dafür zu bezahlen. Selbst wenn einer zwanzig Tafeln Schokolade und fünf Stangen

Zigaretten abschleppt, die Pflegefachkraft stellt später alles wieder ins Regal zurück. Geht konfliktfrei, weil der Einkäufer es ja sofort danach vergessen hat.

Jetzt gibt es für uns sogar Lebenswelten aus dem Koffer. Nicht wahr, da staunst du, Alois? Ich hab auch gestaunt, als ich gesehen habe, wie ein Mann aus einer großen Kiste eine Leinwand rausholte und aufspannte, doppelt so groß wie eine Tischtennisplatte. Darauf war ein Partykeller zu sehen, mit Barhockern aus Baumstümpfen vor einem Tresen aus Dachlatten. Das war ja früher total in. Girlanden, Lampions und Korbflaschen hingen unter der Kellerdecke, und ein Plattenspieler war auch da. Leider spielte er weder was von Little Richard noch von Elvis Presley, sondern irgendwelchen Schmus von Peter Alexander und Lale Andersen. Eigentlich spielte er überhaupt nicht, denn er war ja nur gemalt. Die Schnulzen kamen aus einem Kasten, in den der Mann eine Untertasse geschoben hatte. Also genau das Passende für Menschen wie mich, die keine Gegenwart mehr haben und deshalb nur noch in der Vergangenheit zu Hause sein dürfen.

Ich will dich ja nicht mit den vielen anderen Erlebniswelten langweilen, die der Kerl aus seinen Kisten zauberte, und verkneife mir deshalb die Schilderung von Küchen mit Kohleöfen und Wohnzimmern mit Nierentischen und Fernsehern, die wie Bullaugen aussahen. Aber wenn wir nur noch das sein dürfen, was wir vielleicht mal waren, darf man doch seine Gedanken schweifen lassen und überlegen, was zu wem passen könnte. Unter uns Schwierigen lebt zum Beispiel ein steinalter Mann, der oft vom Krieg erzählt. »Als wir damals vor Stalingrad in der Scheiße lagen«, lautet ein Standardspruch von ihm. Danach kommt nichts mehr, vielleicht weil er sich an die Details nicht mehr erinnert. Könnte man ihm nicht mit einem aufblasbaren Schützengraben auf die Sprünge helfen? Untermalt vom Heulen der Stalinorgeln und den Schreien der Sterbenden? Das war doch prägend für den deutschen Soldaten, da hat er Kameradschaft erfahren. Ein Schützengraben müsste detailgetreu gemacht sein, mit Staub, Dreck und Blut überall, der tote Kamerad liegt daneben, und ein Brief aus der Heimat kommt auch.

Nach fünfzehn Minuten packen wir alles zusammen und räumen es weg bis zum nächsten Tag. Wenn Sie brav sind, zeige ich Ihnen morgen die Mauer. Auch zum Aufblasen, aber mit Motor, damit es schneller geht. Da gibt es ein Dahinter für die Ossis und ein Davor für die Wessis. Einer darf den Stasispitzel spielen, mit Spielzeugmikrophon und Trenchcoat. Hinter der Wand hört er Stimmen, belangloses Zeug, aber für ihn wichtig. Ein Tonband spielt immer den gleichen Text. Auf der zweiten CD sind Reden von Ulbricht und Honecker und Wolf Biermann. Bei den Wessis geht es lustig zu, die haben einen Fernseher. Da läuft der Kennedy mit »Ich bin ein Berliner!« in Dauerschleife. Und wer sagte noch: »Niemand hat die Absicht, eine Mauer zu errichten«? Eine schöne Erinnerungsarbeit und gutes Gedächtnistraining.

Vieles weiß ich nicht mehr, aber eines doch noch: Es gibt eine Menge Möglichkeiten, Menschen um die Ecke zu bringen. Erschießen ist eine davon, Abschieben eine andere. Wie das geht, auch das durfte ich im Fernseher sehen. Da schoben junge Frauen alte Alzheimer-Leute in Rollstühlen durch Palmenhaine, und eine Weichspülerstimme sagte, dass in Thailand immer die Sonne scheint. Sei doch ein wahres Paradies für den Lebensabend. Und außerdem kostengünstiger als zu Hause.

Ist das ein Sonderflug nach Thailand – und ich sitze drin, weil ich dement bin? Leise erinnere ich mich an ein Lied, von wem, das weiß ich nicht mehr, es hieß »Sonderzug nach Pankow«. Aber ich will nicht in dieses kostengünstige Paradies abgeschoben werden, auch wenn die Frauen dort lange bunte Röcke tragen. Ich will lieber nach Hause. Will doch jeder. Und keiner will, dass es von ihm heißt: aus den Augen, aus dem Sinn.

So, mein lieber Alois, irgendwie musste das alles mal raus. So lange ich die idiotensichere Tastatur bedienen kann, werde ich dir schreiben, immer wieder. Ob's was nützt, fragen nur die ohne Alzheimer. Ich tue, was ich tun muss, ob's nützt oder nicht, dank deinem Namen.

Liebe Grüße,
dein Michael

Gleichklang auf Augenhöhe

Schwer demente Menschen scheinen in einem Meer des Vergessens zu versinken. Die Validation ermöglicht es, sie zu erreichen

Wenn ich gefragt werde, was dieser rätselhafte Begriff *Validation* bedeutet, rede ich meist nicht lang drum herum, sondern schiebe eine DVD in den Laptop und führe einen kurzen Film vor, in dem auf den ersten Blick so gut wie nichts passiert. Zu sehen sind zwei Frauen, die auf einem Balkon sitzen: im Vordergrund eine alte Dame, die bis zum Hals mit einem Plaid zugedeckt ist und den weißhaarigen Kopf zur Seite geneigt hat. Sie scheint zu schlafen, doch ab und zu blinzelt sie einen Augenblick lang hinter ihrer randlosen Brille, um gleich darauf wieder einzunicken.

Die junge Frau ihr gegenüber heißt Marietta und gehört zu den Pflegerinnen unseres Heims. Sie wartet. Worauf, das weiß vorläufig nur sie. Im Hintergrund tschilpt ein Vogel, irgendwo plätschert ein Brunnen und betont die Stille, die beide Frauen umschließt. So bleibt es für vier, fünf Minuten, in denen lediglich ein paar Wölkchen am blassblauen Herbsthimmel weiterziehen. Dann bewegt sich etwas, nur eine Kleinigkeit: Marietta berührt die Schulter der alten Dame.

»Guten Tag, Frau Huber«, sagt sie mit einem Lächeln. »Ist es recht so? Haben Sie's warm genug?«

»Weiß nicht«, nuschelt Frau Huber und neigt den Kopf auf die andere Seite.

Wieder vergehen ein paar Minuten, in denen die alte Frau ab und zu blinzelt. Aber die Hand auf ihrer Schulter und der sanfte und zugleich höchst aufmerksame Blick der jungen Frau schaffen offensichtlich eine Verbindung zwischen den beiden.

»Hören Sie das Wasser, Frau Huber?«

»Weiß nicht«, murmelt sie, während ein kurzes, zaghaftes Lächeln aufschimmert.

Jetzt hält Marietta die Hand der alten Dame, und wenn man genau hinschaut, erkennt man, dass sie fast unmerklich im selben Rhythmus mit ihr atmet. Stille, Tschilpen, Plätschern. Frau Huber blinzelt und legt den Kopf in den Nacken, nur eine kurze Bewegung, die Marietta nachvollzieht, bis sie ihr Gegenüber wieder auf gleicher Augenhöhe anschaut.

»Wollen wir singen?«, fragt sie nach einer Weile, und als Frau Huber aufblickt, stimmt Marietta eine Weise an, die im Volksliedton von Liebe und Abschied erzählt. Innig und zärtlich klingt ihre Stimme, man spürt, dass sie das Lied gut kennt und ihr das Singen Spaß macht. Vor allem spürt es Frau Huber. Als es nach der ersten Strophe in den Refrain übergeht, hebt sie den Kopf und stimmt ein: *Alles ein Ding, ob ich lach oder sing* heißt es da, beseligt singt sie auch die zweite Strophe mit, die Augen geöffnet. Kein Murmeln und

Nuscheln mehr, klar und melodiös klingt das Liedchen, das sie wahrscheinlich noch aus Kinderzeiten kennt und über die Stadien der Demenz ins Hier und Heute mitgenommen hat.

»Danke«, sagt Marietta, nachdem die dritte Strophe verklungen ist. »Ich verabschiede mich. Bis zum nächsten Mal, Frau Huber.«

»Danke«, sagt auch Frau Huber und neigt den Kopf wieder zur Seite.

So einfach scheint es also um die Validation bestellt! Doch mit Händchenhalten und ein wenig Singsang ist es nicht getan. Was der Film einem Laien nur in Andeutungen vermittelt, kann eine validationserfahrene Pflegekraft sehr genau nachvollziehen. Schon Mariettas Haltung zeigt, wie sie sich aufmerksam, aber nicht aufdringlich auf ihr Gegenüber konzentriert, den Blickkontakt sucht, ohne ihn aufzuzwingen, wie sie sich behutsam dem Körper- und Atemrhythmus der Patientin angleicht, sich quasi in ihm spiegelt. Gelassen legt sie Pausen ein, in denen sie die Emotionen und Regungen ihres Pfleglings beobachtet, Bedürfnisse erspürt, um die alte Dame im richtigen Moment mit klarer, fürsorglicher Stimme anzusprechen und auf das gemeinsame Singen einzustimmen.

Nicht jede und jeder versteht es, so einfühlsam wie diese junge Pflegerin das Dornengestrüpp um die Seele eines schwer dementen Menschen zu durchdringen und ihn für einen Augenblick aufzuwecken. Ich zum Beispiel könnte es nicht so gut, obgleich ich all die klugen Artikel über Validationstechniken gelesen habe. Techniken kann man lernen, sich in die innere Welt eines anderen einzufühlen nicht unbedingt. Vielleicht liegt es daran, dass ich ein Mann bin, der wie viele Männer davon ausgeht, dass man mit jeder Handlung ein Ziel erreichen will. Frauen fühlen und denken anders. Ein Augenblick, der Leben weckt, ist ihnen Ziel genug. Dafür bewundere ich sie.

Vielleicht ist es kein Zufall, dass es eine Frau ist, der wir das Konzept der Validation zu verdanken haben. Naomi Feil entwickelte Anfang der sechziger Jahre diese Form der Kommunikation, mit der auch noch sehr alte und stark desorientierte Menschen zu erreichen und sogar zu aktivieren sind. Das Wort *validieren* kommt von dem lateinischen Wort *validus*, was so viel bedeutet wie stark oder fest. Einen alten Menschen zu validieren heißt also, ihn zu stärken und zu festigen, auch wenn der Abbauprozess im Gehirn mehr und mehr sein Verhalten steuert. Oft mischen sich lange zurückliegende, unerfüllte Wünsche oder unbewältigte Konflikte in diesen Prozess ein, der zuweilen in Aggression oder auch Resignation mündet. Nach Naomi Feil kann die Validation den Patienten von diesen Reaktionen befreien und den Rückzug in ein Vegetieren verhindern. Sie ist der Versuch, trotz aller Behinderung die seelische Balance zu halten, um bis zum Ende in Frieden mit sich und der Welt zu leben.

Naomi Feils Erkenntnisse kommen nicht von ungefähr. Als sie 1932 in München geboren wurde, bahnte sich die Machtübernahme der Nationalsozialisten an und mit ihr eine Raubtierideologie, die sich auf ihre Fahne geschrieben hatte, »lebensunwertes Leben auszumerzen«. Zu den Millionen Opfern der Gewaltherrschaft gehörten neben Menschen jüdischer Herkunft und Religion auch Behinderte und Kranke jeden Alters, die unter dem zynischen Begriff Euthanasie, zu Deutsch *schöner Tod*, systematisch umgebracht wurden. Naomi Feil war erst vier Jahre alt, als sie vor dem Rassenwahn, der in Deutschland grassierte, mit ihren Eltern in die Vereinigten Staaten emigrieren musste. Diese Erfahrung hat sie und sicher auch ihr späteres Engagement für hilfsbedürftige Menschen geprägt, ebenso wie das Umfeld, in dem sie nach der Flucht aufwuchs: das Montefiore-Pflegeheim in Cleveland, Ohio, das ihr Vater leitete und in dem ihre Mutter als Therapeutin arbeitete. Zur Leitfigur ihres Werdegangs gehörte Sir Moses Montefiore, nach dem viele Heime in den USA und anderswo benannt sind. Sie alle erinnern an diesen berühmten und unermesslich reichen Kaufmann, Bankier und Wohltäter, der im Jahr 1784 geboren wurde und in seinem mehr als hundertjährigen Leben zum Anwalt verfolgter Juden wurde. Sein Vermögen, das er unter anderem mit Versicherungs-, Energie- und Eisenbahnunternehmen verdient hatte, ermöglichte es ihm, zahlreiche soziale Einrichtungen wie Krankenhäuser und Pflegeheime zu gründen und zu unterstützen. Für seine Verdienste schlug ihn die englische Königin Victoria zum Ritter und erhob ihn in den Rang eines Barons.

Unter diesen Vorzeichen erlebte Naomi Feil von früh auf, wie sich die Eltern bemühten, ihren alten und gebrechlichen Pfleglingen einen menschenwürdigen Lebensabend zu bereiten, erkannte jedoch bald, dass die damals gängigen Ansätze, mit demenzkranken Menschen zu kommunizieren, oft ins Leere liefen. Nachdem sie an der Columbia Universität ihren Master in Sozialarbeit absolviert hatte, begann sie, einen eigenen Weg zum Verständnis alter Menschen einzuschlagen. Voraussetzung dafür sei, sie so zu akzeptieren, wie sie sind, »um ihnen zu helfen, ihre Ziele zu erreichen – und nicht etwa unsere«[6].

Leichter gesagt als getan, wie ich aus Erfahrung weiß. Zu den Menschen, die es besser können als ich, gehört vor allem Monika Schmieder, unsere langjährige Pflegedienstleiterin. Sie besitzt die Gabe, die Menschen zu erreichen und mitunter mit wenigen Worten und Gesten selbst konfliktreiche Situationen zu entschärfen. Ich erinnere mich noch an den Tag, an dem mich in meinem Büro der aufgeregte Anruf einer Pflegerin erreichte: Ursache war Herr Berne, ein hochbetagter, aber noch rüstiger Mann, der auf der Suche nach seiner Frau und den Kindern schreiend durchs Heim lief. Ich kam gerade in dem Moment dazu, als er ein voll beladenes Frühstückstablett so heftig gegen eine Brandschutzscheibe schmetterte, dass diese riss. Schwer atmend und mit geballten Fäusten stand er inmitten des Korridors und rief immer wieder nach Frau und Kindern, vor ihm eine verängstigte, aber auch erboste Pflegerin, die genau das sagte, was die Sache noch schlimmer machte: »Sie sehen doch, dass Ihre Frau nicht da ist. Sie würde sich schämen, wenn sie wüsste, wie Sie sich hier aufführen.«

Zum Glück erschien Monika, bevor Herr Berne noch mehr

Unheil anrichten konnte. Ich weiß nicht mehr, was sie genau sagte, aber entscheidend war die Haltung, mit der sie ihn ansprach. Sie fragte nicht, was passiert sei, auch nicht, warum er so aufgebracht sei. Sie nahm ihn und seinen Zorn ernst. Ein paar Worte nur, dann war klar, dass Herr Berne alles Recht der Welt hatte, seine Frau und seine Kinder zu suchen, und darunter litt, dass er sie nicht finden konnte.

»Das ist schlimm«, sagte Monika.

Er schaute sie groß an und stimmte ihr traurig zu: »Ja.«

Monika findet in solchen Situationen instinktiv die richtige Mitte zwischen Nähe und Distanz. Neben vielen anderen gewichtigen Gründen hatte mich diese Haltung schon bei ihrem Dienstantritt vor dreißig Jahren fasziniert. Inzwischen sind wir verheiratet und haben sechs Kinder, drei aus ihrer und drei aus meiner ersten Ehe. Wäre sie nicht gewesen, hätte ich vielleicht länger gezögert, die Validation bei uns einzuführen. Doch durch Monika entwickelte sich diese Technik gemeinsam mit der basalen Stimulation und der Kinästhetik zu einer optimalen Basis im Umgang mit Patienten in allen Stadien der Demenz. Seit vielen Jahren leitet sie Seminare, in denen sie ihre Erfahrungen und Techniken nicht nur Pflegenden, sondern mitunter auch Angehörigen nahelegt, die zu Hause ein dementes Familienmitglied betreuen. In erster Linie vermittelt sie ihr Wissen unseren Mitarbeitern. Zu den Pflichten gehört übrigens, dass sie Lieder auswendig lernen, die unsere alten Bewohner noch aus ihrer Kindheit und Jugend kennen. Zum obligatorischen Repertoire gehören ein Schlaflied und ein Liebeslied. Sogar ein Marsch darf dabei sein, der aber fast nur bei unseren männlichen Patienten gut ankommt. Für gläubige Bewohner halten wir auch ein Kirchenlied bereit, das sich allerdings einmal als Schuss in den Ofen erwies. Um Frau Schwarz, einer ehemaligen Pastorin, eine Freude zu bereiten, stimmte Pflegerin Patricia während des Chorsingens in der Cafeteria den Choral »Großer Gott, wir loben dich« an. Offenbar ein Missgriff. Denn Frau Schwarz hielt sich die Ohren zu und verließ unter Protest den Saal: »Hör auf, das kann ich nimmer hören!«

Auch wenn Naomi Feil ihre Validationstechnik als ein in sich geschlossenes System versteht und jede Vermischung mit anderen Konzepten kategorisch ablehnt, haben wir die Erfahrung gemacht, dass die Kombination dieser drei Methoden sinnvoll ist. Wie die basale Stimulation und die Kinästhetik bietet auch die Validation keine einheitliche Methode für alle Phasen der Demenz. Dass Menschen in einem frühen Stadium der Krankheit anders angesprochen und behandelt werden müssen als in den späteren, entspricht unseren Erfahrungen. Dennoch ist es hilfreich und anregend, ihren Spuren zu folgen, die uns zum Beispiel zu den vier verschiedenen Phasen der Desorientierung führten.

Da ist zunächst Phase eins, in der demente Menschen oft noch zu Hause leben. Naomi Feil bezeichnet sie in diesem Stadium als »mangelhaft oder unglücklich orientiert«[7], gefolgt von Phase zwei, in der sie »zeitverwirrt« sind und meist schon in Heimen leben. Phase drei, die unter der etwas vagen

Überschrift »sich wiederholende Bewegungen« steht, bezieht sich auf Menschen, die kognitiv, körperlich, sozial und psychisch so stark beeinträchtigt sind, dass sie oft nur noch durch Berührungen und gemeinsame Bewegungen wie sanftes Schaukeln zu erreichen sind, in glücklichen Momenten auch durch Musik, wie wir es bei Frau Huber gesehen haben. Phase vier, die bei Naomi Feil den bedrohlichen Titel »Vegetieren« trägt, behandelt den Dämmerzustand, in den Menschen in der Phase drei versinken, wenn sie nicht mehr angesprochen und als Person wahrgenommen werden. Dass in unserem Heim kein Patient vegetieren muss, liegt sicher auch daran, dass wir bis zum Endstadium der Demenz die Validation mit basaler Stimulation und Kinästhetik kombinieren.

Überhaupt scheint mir, dass man diese Vier-Phasen-Systematik, so plausibel sie auch klingt, nicht allzu dogmatisch übernehmen sollte. Selten finden wir Fälle, die alle Kriterien der einen oder anderen Phase erfüllen. Je nach Situation der Betroffenen gehen sie oft ineinander über.

Menschen, die sich in einem frühen Stadium der Demenz befinden, können noch vieles eigenständig erledigen, haben sich oft ihr Zeitgefühl bewahrt und sind in der Lage, mit anderen zu kommunizieren. Doch diese Fähigkeiten bilden auch ihr Dilemma. Anders als Patienten in einem fortgeschrittenen Stadium sind sie sich ihres Zustands bewusst, sie erkennen ihre kognitiven Defizite und fühlen sich durch die eigene Desorientierung bedroht. Verständlich, dass sie deshalb oft sehr unglücklich und verkrampft, misstrauisch und aggressiv wirken. Sie scheuen vor allzu großer Nähe und vor Berührungen zurück und neigen dazu, Angehörige oder Betreuer zu beschuldigen, sie hätten ihnen etwas gestohlen oder würden sie belügen. Das führt in vielen Fällen zu Konflikten, vor allem, wenn der kranke Mensch noch zu Hause lebt. Das Einzige, womit wir ihn in dieser frühen Phase noch erreichen können, ist das Wort, wobei wir darauf achten müssen, ihn nicht zu überfordern, indem wir zum Beispiel Fragen stellen, die er nicht beantworten kann. Die Frage an Herrn Berne, warum er das Tablett gegen das Fenster geworfen hat, würde ihn verstören, weil sie ihn mit der Nase auf ein Verhalten stößt, das er nicht erklären kann. Generell sind Warum-Fragen in jeder Situation und Phase verboten; erlaubt und sogar erwünscht dagegen sind alle Fragen, die mit »wie« oder »wann«, »wer« oder »wo« beginnen. »Wann haben Sie Ihre Frau zum letzten Mal gesehen?« wäre eine davon. Eine andere, wie er sich dabei gefühlt habe, wenn er sie in den Arm genommen habe. Oder wo er gern mit seinen Kindern die Ferien verbracht habe.

In ihrem Buch *Validation in Anwendung und Beispielen*[8] schildert Naomi Feil den Fall einer alten Dame, die noch recht gut für sich selbst sorgen konnte, aber doch schon sehr vergesslich war. Sie wohnte noch zu Hause und wurde von ihrem Sohn betreut, der es geduldig hinnahm, wenn seine Mutter ihm immer wieder dieselben Geschichten auftischte, und der sogar darüber hinwegsah, wenn sie ihm vorwarf, ihre Brille oder andere Sachen, die sie augenscheinlich verlegt hatte, versteckt oder gar gestohlen zu haben. Als sie jedoch über Tage und Wochen klagte, aus der Wohnzimmerwand rinne ständig Wasser, war er am Ende seines Lateins. Kein Argument half, auch nicht der Augenschein. Das Jammern über die Wasserpest an der Wand steigerte sich und schien sich zu einer Wahnvorstellung zu entwickeln. In seiner Not bat er eine Validations-Expertin um Hilfe, die das Gespräch protokolliert hat.

»Alte Dame, sehr aufgeregt: ›Da, sehen Sie, überall Wasser! Überall Wasser!‹

›Aus der Wand kommt Wasser! Seit wann geht das denn schon so?‹

Alte Dame, verzweifelt: ›Na, schon seit Tagen! Niemand glaubt mir. Ich war im Krankenhaus und seit ich wieder hier bin, rinnt Wasser aus der Wand. Mein Sohn sagt, ich sei verrückt.‹

›Ist denn viel nass geworden? Wie schaffen Sie es bloß, alles trocken zu kriegen?‹

Alte Dame, schon etwas ruhiger: ›Ja, alles nass, das Bett, der Boden. Es ist nicht einfach, ich kann nicht mehr so wie früher.‹

›Was fällt Ihnen denn am schwersten?‹

Alte Dame, nachdenklich: ›Ich kann nichts mehr in die Hand nehmen. Alles fällt mir runter. Da sehen Sie meine Hände! Man ist nichts mehr wert, wenn man nichts mehr alleine machen kann.‹

›Fällt es Ihnen schwer, Hilfe anzunehmen?‹

Alte Dame, etwas traurig, aber viel entspannter: ›Ja schon,

wenn man früher alles alleine gemacht hat. Zum Glück habe ich ja noch meinen Sohn. Er ist für mich da, wenn ich nicht mehr kann.‹«

Ob jung oder alt, dement oder nicht – im verständnisvollen Dialog miteinander kann für jeden von uns eine Quelle der Inspiration liegen. In einem klugen Essay *über die allmähliche Verfertigung der Gedanken beim Reden* hat Heinrich von Kleist den beiderseitigen Nutzen eines solchen Gesprächs so beschrieben: »Es liegt ein sonderbarer Quell der Begeisterung für denjenigen, der spricht, in einem menschlichen Antlitz, das ihm gegenübersteht; und ein Blick, der uns einen halb ausgedrückten Gedanken schon als begriffen ankündigt, schenkt uns oft den Ausdruck für die ganze andere Hälfte desselben.«

Besonders der demente Mensch braucht Gesprächspartner, die ihm die richtigen Fragen stellen, und Zuhörer, die seine Gefühle anerkennen und keine Diskussion über die Wahrheit seiner Behauptungen anzetteln. Grundsätzlich gilt, dass wir sein Verhalten so akzeptieren, wie es ist, und nicht, wie es nach unseren Vorstellungen sein sollte.

Das Ergebnis des Gesprächs über die Versagensängste der alten Dame spendet einen tröstlichen Moment für Mutter und Sohn, nicht mehr, aber auch nicht weniger. Möglich, dass sie bald wieder über Wasser klagen wird, das aus der Wand rinnt, weil sie sich nicht eingestehen will, dass ihr regelmäßig ein Glas oder eine Tasse aus der Hand fällt. Dennoch tut es ihr gut, dass man ihre Ängste und Sorgen ernst genommen hat.

Natürlich ist es mit einer einmaligen Validation nicht getan. In jeder Phase sind regelmäßig solche Gespräche nötig, damit der Patient zu einer seelischen Balance findet. Menschen, die von der Außenwelt keinerlei Anregungen mehr erhalten, verfallen körperlich und geistig, sie wandern oft in ihrer Erinnerung zurück, so weit, bis sie bei jenen Klängen und Bewegungen angelangt sind, die sie noch vor den ersten Worten ihrer Kindheit erlebt haben. Validation kann diesen Vorgang verlangsamen und den Patienten selbst noch im Endstadium der Krankheit erreichen.

Ein grundlegender Ansatz, mit dem Naomi Feil ihre Technik der Validation abstützt, ist die Theorie der Lebensstadien, die der Psychoanalytiker Erik H. Erikson entworfen hat. Auch er gehörte zu den vielen kreativen Gelehrten, die vor den Nationalsozialisten aus Deutschland fliehen mussten. Als Professor für Entwicklungspsychologie an den renommierten Universitäten Berkeley und Harvard entwarf er sein Stufenmodell, das die Entwicklung des Menschen von der Geburt bis zum Tod in acht Phasen gliedert. Jede dieser Phasen stellt dem Menschen eine Aufgabe – von Erikson als Krise bezeichnet –, die er lösen muss. Gelingt es ihm, schafft er sich Stufe für Stufe das Fundament, auf dem er die Krisen des hohen Alters bewältigen kann. Er erlangt das, was Erikson die Weisheit nennt, sein Leben mit allen Fehlentscheidungen, aber auch Glücksmomenten anzunehmen und dem Tod ohne Furcht entgegenzusehen.

Die Weisheit, den Gedanken an den Tod zu ertragen, sei es der eigene oder der eines geliebten Menschen, leuchtet gelegentlich auch bei unseren demenzkranken Patienten auf. Zum Beispiel bei Frau Kert, die ich eines Tages traf, wie sie durch das Heim irrte und sehr unglücklich wirkte.

»Suchen Sie jemand, Frau Kert?«, fragte ich.

»Ich suche meinen Mann«, antwortete sie weinerlich.

Da es zu unseren Grundsätzen gehört, Patienten nicht zu belügen, sagte ich ihr die Wahrheit.

»Ihr Mann kann nicht mehr kommen«, sagte ich. »Der ist doch gestorben.«

»Gestorben«, sagte Frau Kert bestürzt. »Gestorben? Wann denn?«

»Vor drei Monaten.«

Einen Moment stutzte sie, dann hellte sich ihre Miene auf.

»Vor drei Monaten!«, rief sie erleichtert und heiter. »Dann kann es nicht mein Mann gewesen sein!«

Es ist eine Art Spannungsbogen, den Erikson zwischen Geburt und Tod aufbaut. Es beginnt mit der frühen Prägung, die er als Stadium des Urvertrauens bezeichnet. Es kann in ein lebenslanges Ur-Misstrauen umschlagen, wenn dem Säugling elementare Bedürfnisse wie körperliche Nähe, Geborgenheit und Nahrung verweigert werden. »Ich bin, was man mir gibt«, so fasst Erikson diese Phase zusammen, gefolgt von der nächsten Stufe mit der Bezeichnung »Ich bin, was ich will«, in der das zwei- bis dreijährige Kind die allen Eltern leidlich bekannte Trotzphase durchlebt. Seinen Willen rabiat zu brechen, wie es in autoritären Familien gang und gäbe war und in vielen Fällen leider noch ist, kann schwere und bleibende seelische Wunden schlagen.

»Ich bin, was ich mir vorstellen kann zu werden«, lautet das Leitmotiv für die Entwicklung der Vier- bis Sechsjährigen, die in dieser Phase die Grundlagen ihres Gewissens legen und ihre Identität entdecken. Auf diese Weise gliedern sich die Lebensphasen bis zu der des hohen Alters, das Erikson unter die Überschrift stellt »Ich bin, was ich mir angeeignet habe«. In dieser Endphase versucht der Mensch, ungelöste Konflikte aufzuarbeiten, gleichsam seine »schmutzige Wäsche« zu waschen. Hat er ein Leben lang Trauer, Angst, Scham und Wut unterdrückt, zieht er sich auf der Suche nach Anerkennung aus der schmerzhaften Gegenwart in die Vergangenheit zurück. Je mehr sein Bewusstsein schwinde, desto stärker lebe er im Unbewussten, dort müsse man ihn abholen, um ihm zu helfen, sein seelisches Gleichgewicht wiederzugewinnen. So fordert es Erikson und in seiner Nachfolge auch Naomi Feil.

Naheliegend, dass es vor allem die Gedanken über die frühkindlichen Phasen waren, mit denen Erikson Anfang der siebziger Jahre zu einer Leitfigur der antiautoritären Erziehung wurde. In jedem Kinderladen lag sein Buch »Identität und Lebenszyklus«[9] griffbereit neben dem des Engländers Alexander S. Neill. In »Theorie und Praxis der antiautoritären Erziehung«[10] beschreibt Neill am Beispiel seines Internats Summerhill ein Modell, das Kindern ermöglicht, ein selbstbestimmtes Leben ohne Zwang und Strafe zu führen und nicht eines, das ihnen Autoritäten wie Eltern oder Erzieher nach ihren Vorstellungen und Zwecken aufs Auge drücken. Schon der Gleichklang der Namen *Summerhill* und *Sonnweid* stimmt mich auf einen Vergleich beider Institutionen ein: So wie sich das Erziehungskonzept des Alexander Neill nach den Bedürfnissen seiner Zöglinge richtete, so orientieren wir uns an denen unserer Bewohner. Ein theoretischer Ansatz wie die freudianische Psychoanalyse wäre dabei eher hinderlich, denn ich bezweifle, dass wir in jedem Fall die Vergangenheit eines Menschen womöglich bis in die frühe Kindheit ausloten müssen, um seine seelischen Defizite zu erkennen und sie entsprechend zu validieren. Was besagt es zum Beispiel, wenn ein Patient ständig weinend nach seiner Mutter ruft? Ein Grund könnte sein, dass er als Baby nicht gestillt wurde, aber wir wissen es nicht. Und was würde es dem alten Herrn nützen, wenn wir es wüssten? Wir dürfen Verhalten nicht interpretieren. Hilfreicher für ihn und uns war die Erfahrung, dass er sich beruhigte, wenn ihn seine Frau besuchte.

Die Biographie eines Patienten zu kennen kann nicht schaden, aber wichtiger ist die Frage, was man mit dieser Kenntnis anfängt. Aufschlussreich war sie im Fall eines Mannes, der halbseitig gelähmt war und trotz unserer schmiegsamen Spezialmatratze partout nicht einschlafen wollte. Des Rätsels Lösung: Er hatte als Pferdeknecht gearbeitet und sein Leben lang auf Stroh und niemals in einem Bett geschlafen. Statt ihm ein Schlafmittel zu verpassen, betteten wir ihn also auf ein Strohlager, das zwar nicht allzu adrett aussah, ihn aber fortan jeden Abend sanft knisternd einschlummern ließ. Andererseits haben wir auch schon Leute betreut, von denen wir so gut wie nichts wussten. Nicht schlimm. Die Biographie vermittelt mir ein Bild, das vielleicht verrät, wie der Mensch mal gewesen ist, aber was er ist, zeigt er mir direkt, und zwar jeden Tag aufs Neue. Selbst wenn ich weiß, durch welche Höhen und Tiefen er gegangen ist, hilft ihm doch nur, wenn wir uns ihm zuwenden.

Es gibt Patienten, die kann man sich auf den Rücken binden, und selbst das ist ihnen nicht Nähe genug. Andere wiederum sperren sich so vehement gegen jede Annäherung, dass es sogar unserer Pflegedienstleiterin Monika schwerfällt, sie zu erreichen. Einer von ihnen war Herr Kirschbaum, bei dem die klassischen Methoden der Validation nicht verfingen. Immerhin gelang es Monika, ihn streckenweise zu begleiten und so weit anzusprechen, dass er sich hin und wieder ein wenig beruhigte. Aber bei der geringsten Störung fuhr er aus der Haut, schrie, weinte und schlug um sich. Wir durften ihn Tag und Nacht nicht aus den Augen lassen, dennoch erschreckte er seine Frau und uns immer wieder mit furchterregenden Szenen, bei denen er gewaltige Kräfte entwickelte. Einmal verkrampfte er sich bei einem epileptischen Anfall so heftig, dass er sich beide Schulterblätter brach.

Die Frage, wie ihm zu helfen wäre, verfolgte uns. Den Grund seines Verhaltens vermuteten wir in der Tatsache, dass er als junger Polizist buchstäblich durch die Hölle gegangen war. Er hatte die zerstückelten Leichen von vier Jungen aus einem ehemaligen Luftschutzbunker in Langenberg bei Essen bergen müssen, das jüngste Opfer erst acht Jahre alt, der Täter, Jürgen Bartsch, selbst fast noch ein Kind, das unter einer gewalttätigen Mutter und dem Missbrauch in einem katholischen Internat gelitten hatte. In der Haft beantragte Bartsch seine Kastration und starb während der Operation, weil man ihm bei der Narkose eine zehnfach überhöhte Dosis injiziert hatte. Das Entsetzen über den Anblick der Opfer und das Ende des Täters, der selbst ein Opfer war, muss den Augenzeugen Kirschbaum traumatisiert haben. Aber wie hätte das Wissen um die Ursachen seines Leidens unser Verhalten ihm gegenüber in irgendeiner Weise beeinflussen können? So blieb uns allein die bedrückende Einsicht, dass ihm nur wenig zu helfen war, bis er im Jahr 2013 starb.

Zum Glück gibt es auch Fälle, die sich unbeschwerter erzählen lassen. Die Geschichte des Mannes, der in einer unserer Wohngruppen lebte, hat sogar eine Pointe, die man allerdings nur versteht, wenn man weiß, dass er einst als schneidiger Oberst in der Schweizer Armee gedient hatte. Zu mehr als dem Rang eines Leutnants hatte es, in seiner heutigen Wahrnehmung, leider nicht gereicht, darüber beschwerte er sich oft bei unserem Pfleger Peter Dolder. Als der sich eines Abends am Küchentisch der WG über seine Patientenkartei beugte, blickte ihm der Mann über die Schulter, griff sich ein paar Karteikarten heraus und rief empört: »Alles Simulanten!«

Richtig problematisch wird das Wissen um biographische Details, wenn das Vorleben eines Patienten uns so stark beeinflussen würde, dass es schwerfiele, ihm unbefangen zu begegnen. Muss ein siebzehnjähriger Pflegelehrling wissen, dass der freundliche alte Herr, den er entkleiden und unter die Dusche stellen soll, eine pädophile Veranlagung hat?

Ich glaube, man kann jemanden nur dann bedingungslos betreuen, wenn man nichts von ihm weiß. Jeder von uns hat eine interessante Biographie, und in mancher davon öffnen sich Abgründe. All das geht uns nichts an. Es erklärt zwar das eine oder andere Verhalten, hilft aber nicht weiter. Die Forderung, aus der Biographie heraus zu begründen, wie demente Menschen zu behandeln wären, lässt sich nicht erfüllen. So sehe ich es, bin mir aber darüber im Klaren, dass nicht jede Pflegekraft meine Meinung teilt. Recht so. Als Dogmatiker habe ich noch nie getaugt.

Eine Kollegin, deren Widerspruch ich gern akzeptiere, ist Margrit Sigg, die jeden Donnerstag zehn Bewohner zu einer Gruppenvalidation zusammenruft und ihnen dabei bestimmte Rollen zuteilt. Sie achtet darauf, dass jeder eine Aufgabe übernimmt, die er aufgrund seiner Erfahrungen und Fähigkeiten noch erfüllen kann, nutzt also das Wissen, das sie sich zum Teil aus den Biographien gepickt, aber vor allem im monatelangen Umgang mit den Patienten gewonnen hat. Diese Treffen haben den Effekt eines positiven Verstärkers, weil sie allen Beteiligten überraschende Erfolgserlebnisse bescheren.

Der Ablauf ist immer der gleiche, denn Rituale sind wichtig. Nacheinander treffen die zehn Teilnehmer ein. Sieben können noch gehen, drei werden im Rollstuhl hereingeschoben und auf Stühle umgesetzt, weil wir Rollstühle ausschließlich als Transportmittel nutzen. Es dauert ein wenig, bis sich der Kreis geschlossen hat, so dicht, dass die Teilnehmer fast Schulter an Schulter sitzen. Auch das Begrüßungsritual braucht seine Zeit, weil sich Margrit Sigg jedem Einzelnen zuwendet.

»Ich bin Frau Sigg.« Sie beugt sich auf seine Augenhöhe hinunter und ergreift mit beiden Händen seine Rechte. »Helfen Sie uns nachher wieder, wenn wir einen Rat brauchen?«

Der schmale Mann mit den feinen Gesichtszügen schaut sie freundlich an, denkt zehn lange Sekunden nach und lächelt höflich.

»Selbstverständlich gerne«, sagt er schließlich mit leiser Stimme.

»Das freut mich, Herr Kurz. Sehen Sie, neben Ihnen sitzt Frau Kleg. Guten Tag, Frau Kleg. Sie haben geweint. Sind Sie traurig?«

Frau Kleg sitzt gebeugt und mit kläglicher Miene vor ihr. Sie nickt langsam und kämpft mit den Tränen.

»Haben Sie ein Leid?«, fragt Margrit Sigg, wieder auf Augenhöhe, Hand in Hand mit der traurigen Frau.

»Ich habe Schmerzen.«

»Sie haben Schmerzen? Sollen wir nachher in unserem Kreis über Schmerzen sprechen, Frau Kleg?«

Nachdenken, Nicken. »Ja.«

»Sehr gerne. Haben Sie schon Frau Escher gesehen, Frau Kleg? Sie sitzt neben Ihnen. Guten Tag, Frau Escher. Schön, dass Sie bei uns sind. Mögen Sie uns heute wieder beim Singen helfen?«

Pause. Nicken. »Ja.«

»Das freut mich, Frau Escher. Sie haben das neulich so schön gemacht. Ich sag Bescheid, wenn wir so weit sind.«

Nach Herrn Kurz, dem Ratgeber, und Frau Escher, der Vorsängerin, wird Frau Gruber begrüßt, die Gastgeberin, die nachher mit dem Tablett herumgehen und jedem Kekse und Limonade anbieten wird. Nachdem jeder angesprochen wurde, darf Herr Maier, der Begrüßer, die Gesprächsrunde eröffnen, so wie es schon seit vier Monaten Brauch ist. Anfangs gelang es ihm richtig gut.

»Ich komme seit Jahren hierher und sehe alte und neue Gesichter«, sagte er bei einem der ersten Treffen. »Geselligkeit ist mir wichtig. Ich habe gern Leute um mich.«

Doch nach und nach kamen ihm die Worte abhanden. Heute bringt er nur ein kurzes »Gruezi« über die Lippen, danach verliert sich seine Rede in einem Murmeln. Ehe auch das versiegt, wird ihm Margrit Sigg ein Glöckchen in die Hand drücken, das ihm ermöglicht, mit einem Klingeln die Runde zu begrüßen.

Singen kann er noch. Man hört seinen Tenor deutlich heraus, als Frau Escher ein Volkslied anstimmt, in das alle einstimmen. »Morgen früh, wenn d' Sonne lacht, und sich alles lustig macht, geh ich zu den Kühen raus …«, singen sie und halten einander an den Händen. Nachdem das Lied verklungen ist, mögen einige gar nicht mehr loslassen, vielleicht weil sie es vergessen haben, vielleicht aber auch, weil es ihnen gefällt. So eingestimmt, kommt heute das Thema des Tages zur Sprache, wie immer ist es ein emotional besetztes Schlüsselwort, das den Zugang zu Themen wie Familie, Kinder, Glück eröffnet oder auch zu traurigen Themen wie Hunger oder Tod. Heute wird über Schmerzen geredet, wie es Frau Kleg versprochen wurde.

»Was passiert mit uns, wenn wir Schmerzen haben?«, fragt Margrit Sigg. »Was kann man dagegen tun?«

»Ich geh laufen«, sagt Frau Gruber nach einer langen Pause.

»Was meinen Sie dazu, Herr Kurz?«, hakt Margrit Sigg nach. »Haben auch Sie einen Rat für uns?«

»Ich geh zum Doktor«, antwortet er.

»Waren Sie denn schon beim Doktor, Frau Kleg?«

»Ja. Er gibt mir Pillen, aber die helfen nicht gegen die Schmerzen im Bein und in der Hüfte.«

»Manchmal habe ich Schmerzen und weiß nicht, warum«, wirft Frau Escher ein. »Aber wenn der mit dem blauen Gewand da ist, gehen sie weg.«

Der mit dem blauen Gewand – damit ist offenbar ein Pfleger gemeint, dessen Namen sich Frau Escher nicht merken kann. Vielen unserer Patienten geht es ähnlich, unsere Mitarbeiter tragen deshalb statt der üblichen weißen Kliniktracht rote, blaue, grüne und gelbe T-Shirts.

»Was macht denn der im blauen Gewand anders?«, fragt Margrit Sigg.

»Er verlangt nichts von mir«, antwortet Frau Escher und bringt damit kurz und bündig die Eigenschaft eines guten Pflegers auf den Punkt.

»Herr Kurz, haben Sie noch einen Rat, was man tun kann, damit die Schmerzen weniger werden?«

»Man muss jemanden holen, mit dem man reden kann«, sagt er bedächtig. »Man muss den Schneiderfaden finden.« Und diesen Faden wiederaufnehmen.

Zustimmendes Nicken in der Runde. Es ist nicht gut, allein zu sein, schon gar nicht mit Schmerzen. So sehen es alle.

Ein Fazit ist gezogen, jetzt beginnt der gemütliche Teil. Frau Gruber reicht Kekse herum und schenkt jedem Saft ein, auch Herrn Maier, der ihn dankend entgegennimmt, aber gleich darauf gedankenverloren über seinen Schoß kippt. Bald darauf dröhnt ein Ghettoblaster durch den Raum: Udo Jürgens singt von seiner Sehnsucht, durch New York zu streunen, während im Sitzkreis ein Schaumstoffball von einem zum anderen fliegt. Gelächter, als Herr Maier wurfgewaltig Frau Escher trifft, die mit einem lustigen Quieken reagiert.

Zeit, aufzubrechen. Margrit Sigg verabschiedet sich von jedem Teilnehmer, dankt allen und begleitet Frau Kleg noch ein Stück. Doch erst als sich die Fahrstuhltür öffnet, merken beide, dass etwas fehlt. Der Rollstuhl! Er steht einsam und allein in der Ecke. Heute braucht Frau Kleg ihn nicht mehr.

Eine Frage der Moral

Wo alte und kranke Menschen unter einem Dach leben, gehören Grenzfälle zum Alltag. Wie entscheiden, wenn es um Freiheit und Lieben, Leben und Sterben geht?

Als ich mir über ein Ethikkonzept für die Sonnweid Gedanken machte und wegen Unmengen eigener und angelesener Ideen den Wald vor lauter Bäumen nicht mehr sah, kam mir der Einfall, acht unserer erfahrenen Leute nach Situationen zu fragen, vor denen sie am liebsten davongelaufen wären. Es waren Pflegende aus den Nachtschichten. Ein paar Tage später setzten wir uns zusammen, und sie legten los, ohne Punkt und Komma. Kurz darauf hatte ich so ziemlich alle Probleme auf dem Tisch. Es ging dabei nicht immer um Leben oder Tod, sondern sehr oft um Maßnahmen, in denen die persönliche Freiheit eines Patienten auf dem Spiel stand. Anfangs diente ich meinen Pflegenden als eine Art Klagemauer, vor der sie ihre Probleme abluden. Offensichtlich hatten sich da einige Gewissenskonflikte gestaut, mit denen sie mich eindeckten, und jeder Fall mündete in Fragen wie: Dürfen wir das tun? Wer muss hier entscheiden? Können wir das zulassen? Muss das sein? Ist das die richtige Entscheidung? Darf ich dazu anderer Meinung sein?

Die meisten ethischen Konflikte, die sich bei einer dementiellen Erkrankung ergeben, sind nicht juristisch zu lösen. Deshalb galt es, einen Weg zu finden, der unsere Maßnahmen nicht auf den Standpunkt des Rechts reduzierte. Die Frage nach Situationen, die man sich am liebsten ersparen würde, spiegelt diese Konflikte wider. Die Antworten, die wir fanden, bilden die Grundlage unseres Ethikkonzepts, das die Haltung der Mitarbeitenden nachhaltig verändert hat. Im Folgenden geben wir Einblicke in konkrete Situationen und zeigen, wie wir Lösungen fanden, die differenzierter sind als das Recht es je sein kann, die sich am Menschen und nicht am System orientieren.

Ein Fall, der uns stark beschäftigte und bis heute nachgeht, betrifft die Frage, ob es ethisch gerechtfertigt sein kann, einem Demenzkranken den Freitod zu ermöglichen – wie es im Fall des Eduard S. geschah.

Er gehörte zu den Menschen, die man gern um sich hat. Ein umfassend gebildeter Mann, Pfarrer und Psychotherapeut, der sich auch als Literat einen Namen gemacht hatte: unter anderem mit einer amüsanten Übersetzung der biblischen Genesis aus dem Hebräischen ins sogenannte *Züridütsch*, also dem Idiom, das man in der Zürcher Region spricht.

Wir hatten uns getroffen, als ich über meiner Diplomarbeit brütete, die sich um die Frage drehte, ob unsere Gesellschaft eine Demenzethik braucht. Das Thema war nicht aus der Luft gegriffen. Meine damals schon fünfzehn Jahre langen Erfahrungen in der Sonnweid hatten mich gelehrt, dass Angehörige oft dazu neigen, eigenmächtig zu entscheiden, was für das demenzkranke Familienmitglied gut oder schlecht sei – und das nicht immer zum Besten des Patienten. Deshalb befasste sich meine Arbeit vor allem mit dem Beziehungsgeflecht zwischen Patient, Angehörigen und Pfleger, wobei die Frage im Vordergrund stand, wer entscheiden soll, was in strittigen Fällen zu tun oder zu lassen ist. Wir sprachen intensiv über diese Fragen.

Dreh- und Angelpunkt meiner Überlegungen war das Problem von oft fatalen Fehleinschätzungen der Angehörigen, die davon ausgehen, dass alles, was ihnen selbst gut und richtig erscheint, auch für den Patienten gut und richtig sein müsse. Ich begründete meine Zweifel, ob ein Angehöriger als Stellvertreter eines demenzkranken Familienmitglieds auftreten dürfe. Wenn überhaupt, so meine Überzeugung, könne sich diese stellvertretende Funktion immer nur auf die Zeit beziehen, die beide miteinander gelebt haben. Sie allein sei das Kriterium für zukünftige Entscheidungen, die wir durchaus in unsere Überlegungen einbeziehen könnten und sollten. Kriterien dagegen, die außerhalb dieser Zeit lägen, haben für mich kein Gewicht.

Damit säte ich auch Zweifel, ob ein Demenzkranker im späteren Stadium noch derselbe Mensch sei, der als Gesunder diesen Entschluss gefasst hat. Um es mit einer wissenschaftlich verklausulierten Frage aus meiner Diplomarbeit zu umschreiben: *Kann ein Patient prospektiv einen mutmaßlichen*

Willen formulieren für eine subjektiv retrospektive Zeit? Oder etwas anschaulicher gesagt: *Kann ich als Siebzigjähriger einen mutmaßlichen Willen formulieren, der in meinem Erleben sechzig Jahre zurückliegt?*

Keine akademische Frage, denn unsere Einsichten in den Verlauf der Krankheit zeigen immer wieder, dass sich viele Patienten ähnlich einem Kind zurückentwickeln. Sie spielen mit Puppen, verhalten sich ähnlich spontan und unverstellt wie Kinder, leben wie sie oft in einer Märchenwelt, die uns anrührt: »Gott hat mir die Fähigkeit erhalten, ein Schneetreiben mit den Augen eines unschuldigen Kindes zu bewundern, das ich vor vielen Jahren war«, so schilderte eine Patientin die Rückkehr in eine Vergangenheit, die zu ihrer Gegenwart geworden war.

Nicht nur dieses Beispiel zeigt, dass ein Kind in einer anderen Welt lebt als ein greiser Patient und deshalb andere mutmaßliche Willensäußerungen über seine Zukunft äußern würde. Ich plädiere deshalb dafür, die Zeit, in der ein Patient zu leben glaubt, stärker zu berücksichtigen und dabei zu bedenken, dass wir über seine subjektiven Eindrücke nichts wissen können, auch nicht, ob er sich am Ende seiner Krankheit wohl oder unwohl fühlt. Kann ich mich zum Stellvertreter für mich selbst ernennen, wenn ich nicht weiß, wer ich in dieser Phase sein werde und was ich in diesem Zustand fühle und denke?

Zu den Autoren, mit denen ich mich im Rahmen meiner Diplomarbeit beschäftigt hatte, gehörte der amerikanische

Philosoph John Rawls, dessen Theorie der Gerechtigkeit mich inspirierte. In den Vereinigten Staaten zählt er zu den einflussreichsten Denkern des 20. Jahrhunderts. Besonders ein Begriff, den Rawls geprägt hat, hatte es mir angetan, nämlich *Schleier des Nichtwissens*. Er bezeichnet die Situation, in der wir Entscheidungen treffen müssen, die in der Zukunft liegen. Rawls bezog sich dabei in erster Linie auf eine zukünftige Gesellschaftsordnung, von der jeder Entscheidungsträger von vorneherein nicht wissen konnte, welche Rolle er darin spielen würde. Der Knackpunkt des Ganzen ist, dass jeder diese Entscheidungen in einer Situation treffen muss, die ihm zwar keinen Vorteil einräumt, aber allen die gleiche Chance eröffnet, auch und gerade den schwächsten Mitgliedern der Gesellschaft.

Zu Recht spricht Rawls in diesem Kontext von einer Theorie der *Gerechtigkeit als Fairness*, weil der Schleier des Nichtwissens den Einzelnen daran hindert, allein persönliche Interessen zu verfolgen. Rawls' Maxime lautet: »Jeder Mensch besitzt eine aus der Gerechtigkeit entspringende Unverletzlichkeit, die auch im Namen des Wohls der ganzen Gesellschaft nicht aufgehoben werden kann. Daher lässt es die Gerechtigkeit nicht zu, dass der Verlust der Freiheit bei einigen durch ein größeres Wohl für andere wettgemacht wird.«[11]

Ich hatte Eduard S. zuvor einmal gebeten, einen Kurs in der Sonnweid zu leiten, der unseren Pflegekräften helfen sollte, mit Aggressionen ihrer Patienten umzugehen. Wie erwartet hatte er sich gut vorbereitet und das Thema inhaltlich im

Griff, zeigte aber zwischendurch leichte Aussetzer, in denen sich Zeichen einer beginnenden Demenz andeuteten. Dass er den Faden immer wiederfand, dafür sorgte seine Frau Ruth, die ihm jedes Mal, wenn er stockte, einen Zettel mit Stichworten zuschob. Schon darin sah ich die enge Bindung zu seiner Frau, die praktizierende Psychologin war und ihm deshalb auch fachlich zur Seite stehen konnte.

Nach Ende des Kurses hockten wir noch bei einem Glas Wein zusammen und sprachen über Themen, die uns am Herzen lagen. Die Sprache, das war sein Metier, man spürte es an der Art, wie er formulierte und argumentierte. Aber er war auch ein aufmerksamer Zuhörer, der aus dem Fundus seiner Erfahrungen als Theologe und Psychotherapeut die richtigen Fragen stellen konnte.

Erst ein paar Jahre später erfuhr ich, dass bei ihm Demenz diagnostiziert worden war. Eduard S. hatte sich mit seiner Frau schon in einer frühen Phase der Krankheit darüber unterhalten, ob es für sie und ihn nicht erträglicher wäre, wenn er vor dem Stadium der Hilf- und Sprachlosigkeit aus dem Leben scheiden würde.

Seine Frau berichtete, dass Eduard sich mit Hilfe der Organisation *Exit* zum Freitod entschlossen habe. Doch bis zu welchem Zeitpunkt ist ein Demenzkranker in der Lage, diesen Entschluss zu treffen? Und lässt sich mit letzter Sicherheit feststellen, dass diese Grenze, von der Ruth S. später schrieb, nicht überschritten ist?

Eines Tages las ich seine Todesanzeige und bald darauf in

der *Neuen Zürcher Zeitung* einen Beitrag, der unter dem Titel »Lass mich sterben« vom Leidensweg des Eduard S. berichtete und die Rolle seiner Frau thematisierte. Fortan hörte und sah ich sie immer wieder. Ob in Zeitungsartikeln oder Talkshows, sogar in einem Buch vertrat sie, dass es im Sinne ihres Mannes gewesen sei, ihm beizustehen, als er sich seinen Todeswunsch erfüllte, obgleich sie ein Berater der Organisation *Exit* darauf hingewiesen hatte, dass man einem Demenzkranken nur dann den Freitod ermöglichen dürfe, wenn sein Verstand noch intakt und er für sich selbst urteilsfähig sei. Wie sie in einem Interview mit der *ZEIT* (46/2013) berichtete, sei ihr Mann entschlossen gewesen, den einmal eingeschlagenen Weg zu Ende zu gehen. »Er hat nie gezweifelt«, beteuerte sie. Davon war sie sicher überzeugt.

Aber besteht das Wesen der Demenz nicht genau darin, dass der Verstand nicht mehr intakt ist? Ruth S. selbst dokumentiert es, wenn sie erzählt, dass es Eduard immer schwerer fiel zu schreiben, was daraufhin sie für ihn übernahm. Darunter auch der berührende Satz: »Ach, das Leben ist halt noch so schön!«

Dass Eduards Lebenswillen bis zuletzt zumindest gelegentlich wieder aufgeflackert ist, schildert sie in ihrem Buch.

Kurz vor seinem Todestag fragt er sie: »›Oder wollen wir noch eine Woche warten?‹ (…) Sie möchte ihn so gerne noch bei sich haben, ihn halten und spüren, wie jetzt. Aber wenn es dann zu spät ist? Wenn er bald in das große Vergessen versinken würde, gegen das er so lange angekämpft hat? Sie will und darf ihn nicht halten. Sie denkt an das, was sie ihm versprochen hat, sie will ihm nichts vormachen.

(…) ›Lieber, was zählt schon eine Woche, gemessen an fünfzig Jahren langem gemeinsamem Leben. Leide nicht noch eine Woche länger. Du hast es entschieden und es ist gut so.‹«[12]

Diese Zeilen machen deutlich, in welches Dilemma sich begibt, wer den Freitod eines Demenzkranken unterstützt.

Leiden oder Sterben – ist das wirklich die einzige Alternative, die uns im Endstadium einer Demenzerkrankung bleibt?

»Wenn ich Alzheimer bekomme, bringe ich mich um!« Immer wieder höre ich diesen Angstschrei, dessen Absolutheit erschreckt. Inzwischen grassiert eine kollektive Alzheimer-Angst, die in der Vorstellung wurzelt, dass uns die Demenz die Kontrolle über alles nimmt, was uns lebenswichtig erscheint: sei es unseren Körper, unsere Gedanken und unsere Freiheit, ja, sogar unsere Würde. Doch eine Gesellschaft, die unter Autonomie ausschließlich die Fähigkeit versteht, jederzeit alles selbst entscheiden zu müssen, läuft Gefahr, den Geist der Solidarität aufzugeben. Die unsäglichen Zustände in vielen Altersheimen, in denen den Bewohnern weder Respekt noch Zuwendung gewährt werden, nähren diese Angst. Eine Pflege, die den Patienten in Würde leben, aber auch in Würde sterben lässt, könnte uns davor bewahren.

Unnötig zu beteuern, dass in der Sonnweid nicht getötet wird. Die Giftchemikalie Natriumpentobarbital, die in der Schweiz und den Niederlanden beim assistierten Suizid, aber auch bei Hinrichtungen in den USA eingesetzt wird, hat keinen Platz in unserem Haus. Wir kooperieren nicht mit der Sterbehilfeorganisation *Exit*. Aber außerhalb unseres Heims sollte man einem Todkranken, der noch autonom entscheiden kann, die Freiheit lassen, sein Leben zu beenden, und zwar so, dass er kein blutiges Massaker anrichten muss, indem er sich vor einen Zug wirft.

Da der Tod zum Alltag in der Sonnweid gehört, wie überall, wo ausschließlich alte und kranke Menschen unter einem Dach leben, müssen wir uns Gedanken machen, wie wir das Sterben unserer Bewohner begleiten. Deshalb haben wir im Rahmen unseres Ethikkonzepts sehr detaillierte Richtlinien für eine palliative Begleitung der Sterbephase entworfen. Aus guten Gründen. Wir nehmen dabei den Begriff *palliativ* wörtlich. Er leitet sich vom lateinischen Wort *palliare* ab, was so viel heißt wie jemanden einhüllen, im übertragenen Sinne also: ihn beschützen. Da uns die Erfahrung gelehrt hat, dass jedes Sterben einzigartig verläuft, stellen wir im Umgang mit Sterbenden kein allgemeingültiges Rezept aus, sondern entwickeln für jeden ein eigenes Modell, das ihn körperlich und seelisch, sozial und spirituell stützt. Es versteht sich, dass wir dabei interdisziplinär zusammenarbeiten. Neben der verantwortlichen Pflegekraft, die für Kooperation und Koordination zuständig ist, gehören unsere Ärzte zu den wichtigen Kontaktpersonen, bei Bedarf ein Seelsorger und in jedem Fall die Angehörigen. Zuweilen begleiten den Sterbenden aber auch ungewöhnliche Individuen, wie die Katze Miranda, die eine Patientin in die Oase mitgebracht hatte, wo sie sich auf dem Bett ihres Frauchens häuslich einrichtete. Als Mirandas anschwellender Bauch signalisierte, dass sie hochträchtig war, schob ihr Markus Kürsteiner eine Windel unter, auf der sie ihre Jungen zur Welt brachte.

Miranda gehörte zu einer ganzen Reihe von Haustieren, die im Lauf der Zeit unsere Einrichtung bevölkert haben. Wir dulden sie nicht nur, wir heißen sie willkommen, wenn sie mit einem neuen Bewohner bei uns einziehen. Demente Menschen brauchen die wärmende Nähe, die ihnen ein Hund oder eine Katze schenkt, besonders dringend. Die Aufgabe, sich um ein Tier zu kümmern, es zu füttern und zu streicheln, beweist, dass man noch zu etwas gut ist. Tiere sind echt, ihnen ist es egal, ob jemand krank oder vergesslich ist. Ihre Zuneigung spricht direkt Herz und Seele an.

Als treue Gefährtin auf dem letzten Weg erwies sich auch Susi. Sie gehörte zu Frau Stein und war ein waschechter Mops mit allen Eigenarten, die diese kuriosen Viecher auszeichnet: neugierig und unternehmungslustig, gelehrig und gesellig, von früh bis spät auf krummen Beinen unterwegs. Zunächst in der Wohngruppe, die die Hündin oft ungestüm und heiser bellend aufmischte, danach im Heimbereich, wo sie sich an der Seite von Frau Stein zum allgemein geliebten und verwöhnten Maskottchen mauserte. Natürlich kam sie mit, als wir Frau Stein in die Oase verlegen mussten. Anfangs verengte sich dort Susis Aktionsradius, weil sie aus anatomischen Gründen keine Treppen steigen konnte, doch die Betreuer ihrer ehemaligen Wohngruppe holten das Tier regelmäßig ab und trugen es in den Garten, damit es sich im Freien austoben konnte.

Die Frage nach der artgerechten Haltung schien damit beantwortet, dafür rangen die Pflegekräfte mit dem Problem, wie man Susi in die Oase integrieren könne. Wie so oft bei Diskussionen im Kreis der Verantwortlichen gingen die Meinungen weit auseinander. Streitpunkte waren, dass das quirlige Tier womöglich einen zusätzlichen Störfaktor in die Oase bringen würde, und das nicht nur für die sieben Bewohner. Müssten es Besucher nicht als Zumutung empfinden, wenn ein Mops zwischen ihren Beinen herumwuselte? Außerdem setzt unser multifunktionales Konzept voraus, dass in diesem offenen Lebensraum gegessen und gepflegt wird. Schon aus hygienischer Sicht schien einiges gegen einen Hund als zusätzlichen Bewohner zu sprechen.

Auf der anderen Seite bereitete uns große Sorgen, dass Frau Stein sich im Verlauf ihrer Krankheit immer mehr abkapselte, nicht nur den Betreuern, sondern auch ihrer Familie gegenüber. Die einzigen Wesen, die sie an sich heranließ, waren der Sohn, der sie bis zur letzten Stunde umsorgte, und Susi. Waren er oder das Tier nicht bei ihr, kauerte sie auf der Bettkante, schloss die Augen, wiegte ihren Oberkörper vor und zurück und stieß wimmernde Laute aus. Erst wenn Susi die platte Nase an ihr Bein stupste und sich auf ihren Füßen niederließ, löste sich ihre Anspannung. Setzten wir ihr Susi auf den Schoß, atmete sie auf, und ihr sonst so fahles, maskenhaftes Gesicht rötete sich ein wenig, während sie mit halb geöffneten Augen lächelnd Susis Nacken kraulte.

Die beiden zu trennen, das brachte keiner von uns übers Herz, schon gar nicht, als es Frau Stein nach einer Lungenentzündung so schlecht ging, dass sie das Bett nicht mehr verlassen konnte. Als ihr unregelmäßiger Atem und die marmorierte Färbung der Beine darauf hinwiesen, dass sie bald sterben würde, verlegten wir sie an die Peripherie der Oase, die wir mit Stellwänden abschirmten. Sterben und Abschied nehmen sind intime Momente, in denen ein Rückzugsraum nötig ist. Für die Sterbenden, aber auch für ihre Angehörigen. Da der Sohn Tag und Nacht bei ihr sein wollte, stellten wir eine Liege dazu, und als sich zwei Wochen später zeigte, dass sie den nächsten Tag nicht mehr überleben würde, erfüllten wir den zweiten Wunsch des Sohns, der darum bat, seine Mutter unter freiem Himmel sterben zu lassen. Also schoben wir ihr Bett auf die Terrasse vor der Oase, und als es zu regnen begann, ließen wir die Markisen herunter. So saßen Vater und Sohn an ihrem Bett, jeder in Gedanken versunken, den Blick auf das Gesicht der Sterbenden gerichtet, und auf ihren Füßen lag Susi, den runden Kopf leicht angehoben, nach rechts und links schnüffelnd, als versuche sie zu verstehen, warum sich ihr Frauchen auf einmal nicht mehr regte.

Es blieb nicht bei Klagen und Fragen, denn schon nach den ersten Fällen, die in die Runde geworfen wurden, entwickelte sich eine lebhafte Diskussion, aus der sich nach einigem Hin und Her Lösungen ergaben. Da war zum Beispiel

Herr Knies, der uns in der Tat vor ein schwieriges, allerdings nicht ungewöhnliches Problem stellte. Nachtschwester Anna berichtete, dass er ständig Mitbewohner malträtierte, vor allem Herrn Karg, seinen Zimmernachbarn.

»Dauernd reißt er ihm das Toupet vom Kopf, häufig steht er nachts auf, will sich zu Herrn Karg ins Bett legen. Sobald der sich dagegen wehrt, versucht er, ihn aus dem Bett zu zerren. Wenn ich ihn daran hindere, tobt er durch die Gänge und weckt mit seinem Geschimpfe das halbe Heim auf.«

Bei Diskussionen müssen ja nicht immer die Fetzen fliegen, doch aus unzähligen Debatten, die sich oft im Allgemeinen verlieren, habe ich gelernt, dass eine Provokation immer ein wenig Leben in die Bude bringt. Deshalb sagte ich: »Ja, da bleibt uns wohl nichts anderes übrig, als den Mann zu fixieren.«

Wie zu erwarten war, wollten sie eben das ja keinesfalls. Die meisten unserer Pflegekräfte hatten schon mal in Heimen gearbeitet, in denen es an der Tagesordnung ist, ungebärdige Patienten wie Herrn Knies ans Bett zu fesseln oder mit Medikamenten lahmzulegen oder sie gar einzusperren. Wären sie meinem Vorschlag gefolgt, hätten sie eine Maßnahme vollziehen müssen, die ihnen gegen den Strich ging. Schließlich sehen sie ihre Aufgabe doch darin, den Patienten zu helfen, indem sie ihnen Gutes tun. »Fixieren« oder »bewegungseinschränkende Maßnahmen«, wie es in unserem Fachjargon heißt, waren für viele der Grund, in die Sonnweid zu wechseln, wo diese Methoden verpönt sind. Und jetzt kam ihnen damit ausgerechnet der Leiter dieses Heims! Die Empörung war spürbar. Die Diskussion wurde hitzig, und auf einmal entsprangen ihr Ideen, mit denen sich die eine oder andere Lösung andeutete.

»Vielleicht sollten wir Herrn Knies am Abend einen Schlafsack anziehen, der es ihm schwerer macht aufzustehen«, schlug Schwester Anna vor. »Und wenn das nicht reicht, könnten wir ihn noch mit einem Bettgitter abschirmen.«

»Dann können wir ihn ja gleich einsperren«, monierte die Runde.

»Was haltet ihr davon, Herrn Knies in ein anderes Zimmer zu verlegen? So wäre zumindest Herrn Karg geholfen«, schlug Pflegerin Elisabeth vor, musste sich jedoch belehren lassen, dass damit lediglich die Person, aber nicht das Problem verlagert wäre.

Auf diese Weise ging es so lange hin und her, bis sich zumindest im Grundsätzlichen ein Konsens herausbildete. Wir erkannten, dass es einen feinen, aber entscheidenden Unterschied zwischen harten und weichen Maßnahmen gibt. Als hart befanden wir Methoden wie Fixieren, Betäuben und Einsperren, die bei uns allerdings nie praktiziert wurden und sich schon deshalb leicht aussortieren ließen. Aber die Frage blieb, wie in diesem Fall eine weiche Maßnahme aussehen könnte?

Am Ende fanden wir einen Weg, der zwar recht aufwendig schien, aber zweifellos in die Kategorie »weich« fiel: Wir entschieden, Herrn Knies tagsüber so auf Trab zu halten, dass er abends müde ins Bett fallen und durchschlafen würde. Wir motivierten ihn also, von früh bis spät durch Haus und Garten zu spazieren, mussten allerdings dafür sorgen, dass ihn zeitweise jemand begleitete und animierte, weiterzugehen. Der Aufwand lohnte sich, Herr Knies schlief durch. Vorsichtshalber legten wir eine Bodenmatte mit Sensoren vor sein Bett, welche die Nachtwache alarmieren würde, wenn er sich trotzdem einmal aufgerappelt hätte. Außerdem siedelten wir ihn in ein anderes Zimmer um, damit Herr Karg gewiss sein konnte, endlich sein Bett für sich zu haben, und nicht mehr um sein Toupet fürchten musste.

Ich war richtig stolz auf meine Gruppe, die sich bei diesem schwierigen Fall als so einfühlsam und ideenreich erwiesen hatte, dass ich vorschlug, solche Gesprächsrunden zu einer Institution zu machen. Die Idee fand nicht nur offene Ohren, sie wurde nahezu enthusiastisch aufgenommen. Aus dieser optimistischen Grundstimmung heraus entwickelten wir unser Ethikkonzept, das sich seit fünfzehn Jahren in vielen Konfliktsituationen bewährt hat, es überlässt Antworten auf Fragen nach Tun und Lassen der Demenzpflege nicht dem Zufall oder der subjektiven Meinung des Einzelnen. Es schützt unsere Patienten vor womöglich unverhältnismäßigen Eingriffen und verschafft den Betreuenden die Sicherheit, in kritischen Momenten nicht allein dazustehen.

In der Präambel legten wir fest, dass sich jeder Betreuer, ob Auszubildender oder altgediente Pflegekraft, in Seminaren mit den Kriterien des Konzepts vertraut machen soll. Zu den

Experten, die unsere Ethikkurse leiten, gehört Klaus Peter Rippe, Professor für praktische Philosophie an den Universitäten Zürich und Karlsruhe, dessen Leitmotiv schon von seiner Gestalt abzulesen ist: »Ethik«, so lautet es, »ist in erster Linie eine Sache des Bauchgefühls.« Entsprechend emotional und lebensnah gestaltet er seinen Unterricht, der sich immer an Fällen aus der Pflegepraxis orientiert und regelmäßig zu einer Diskussion über das Für und Wider einer Maßnahme führt.

Ein Fall, der uns stark beschäftigte, war die Beißwut des Herrn Schneid, die uns vor die Frage stellte, ob bei extrem aggressiven Aktionen eines Patienten der Schutz einer Pflegekraft über den des Aggressors zu stellen sei. Unklar war, warum der alte Herr unsere Pflegerin so heftig in den Arm gebissen hatte, dass sich noch eine Woche später seine Zahnreihen als blauviolette und gelbe Spuren auf ihrer Haut abzeichneten. War es ein Annäherungsversuch? Oder im Gegenteil die Abwehr einer Nähe, die er als Bedrohung empfand? Egal, selbst wenn es uns gelungen wäre, den Grund auszuloten, es hätte auf jeden Fall Handlungsbedarf bestanden, denn Herr Schneid biss wenig später wieder zu, dieses Mal gleich zweimal, und zwar in den Arm des Pflegers, dessen Wunden ärztlich behandelt werden mussten.

Allen war klar, so durfte es nicht weitergehen, aber alle wussten auch: Es würde so weitergehen, wenn uns nicht eine effektive und zugleich human vertretbare Lösung einfiele. Ein Beißschutz, wie er bei endoskopischen Eingriffen – und bei dem Kannibalen Hannibal Lecter in dem Film *Das Schweigen der Lämmer* – eingesetzt wird, wurde verworfen. »Dann könnten wir dem Mann ja gleich einen Maulkorb verpassen«, hieß es. Stattdessen wurde erwogen, die Körperpflege nur noch durchzuführen, wenn er im Bett lag, auch wenn das den handfesten Einsatz von zwei Helfern nötig machen würde. Was sollten wir denn sonst tun, wenn wir dem Prinzip treu bleiben wollten, möglichst auf hochdosierte Beruhigungsmittel zu verzichten? Noch einmal nahm ich es auf mich, mit einer Idee anzuecken.

»Eine Möglichkeit wäre, Herrn Schneid alle Zähne zu ziehen«, sagte ich und erntete nach kurzer Pause der Verblüffung den Sturm der Entrüstung, den ich erwartet hatte. Es dauerte eine Weile, ehe ich die Runde überzeugt hatte, dass ich keinesfalls vorhatte, Herrn Schneid mit einem dermaßen brutalen Eingriff zu Leibe zu rücken. Diesen als eine Möglichkeit von vielen zu sehen, schien mir jedoch angebracht, weil er den Einsatz eines Beißschutzes als das kleinere Übel erscheinen ließ und die kurzfristige Fixierung beim Waschen und Behandeln als noch geringere Einschränkung von Herrn Schneids Freiheit. Ebenso wie sedierende Mittel, die ihn kurzfristig ruhigstellen würden, allerdings unter der kompetenten Aufsicht eines Arztes.

Inzwischen gehören Ethiksitzungen zum festen Programm, bei denen ich regelmäßig mit der Pflegedienstleiterin, den zuständigen Stationsleitern, den Pflegekräften und dem Arzt begleitende Maßnahmen in relevanten Konfliktfällen bespreche. Manchmal ziehen wir einen auswärtigen Ethikexperten hinzu.

Es muss nicht nur erlaubt sein, das Unmögliche zu denken, man muss es auch einbringen dürfen. Seit je bin ich Anhänger einer Streitkultur und gleichzeitig Gegner jeder Form von Prinzipienreiterei. Wenn wir die Spielregeln beherzigen, ausschließlich Argumente und nicht die Person des »Widersachers« anzugreifen, provoziert Streit kreative Ideen. Prinzipien, denen keine Ausnahme zugebilligt wird, können dagegen zu Gitterstäben werden, die selbst dann keinen Ausweg mehr zulassen, wenn er nötig ist.

Im Fall der Frau Breck schien mir so ein Ausweg nötig. Sie hatte als Lehrerin gearbeitet und war erst fünfundvierzig Jahre alt, als sie zu uns kam, konnte noch sprechen und sich bewegen, war also in einer unserer Wohngruppen gut aufgehoben. Durch ihr offenes und humorvolles Wesen fand sie schnell Anschluss und war bei Mitbewohnern und Betreuern sehr beliebt. Das blieb auch so, nachdem sie nicht mehr gehen konnte und die Sprache verlor. Wir hatten gewusst, dass es so kommen würde, und konnten damit umgehen. Sorge machte uns jedoch, dass sie sich beim Essen und Trinken so quälen musste, weil sie bald kaum noch schlucken konnte. Ihre letzten drei Jahre, die sie in der Oase erlebte, stellten die Pflegekräfte deshalb vor eine mühsame und zeitraubende Aufgabe. Obgleich Frau Breck nur mit suppigen und breiigen Speisen ernährt wurde, dauerte es bis zu zwei Stunden, ehe sie ein paar Löffel geschluckt hatte, wobei sie das meiste wieder aushustete. Hinzu kam, dass sie irgendwann anscheinend nicht mehr essen wollte. Wenn ihr die Pflegerin den Löffel an die Lippen setzte, ging ihr Blick ins Leere, und der Mund blieb verschlossen. Wollte sie uns etwa damit signalisieren, dass wir sie nicht länger quälen sollten? Ihr Mann und der Sohn, die sich sehr fürsorglich um sie kümmerten, bejahten es. Beide wiederholten immer wieder, dass Frau Breck früher ausdrücklich darum gebeten hatte, man möge keine lebensverlängernden Maßnahmen im Endstadium der Krankheit ergreifen.

Doch dann fand eine Pflegerin heraus, dass sich Frau Breck lediglich auf den ersten Blick weigerte zu essen. Legte man ihr den Löffel langsam ein zweites Mal an die Lippen, öffnete sie den Mund und versuchte zu schlucken. Offenbar verhinderte die Krankheit, dass sie gleich beim ersten Versuch reagierte, aber nicht mehr, wenn kurz nacheinander ein zweiter und dritter Löffel ihre Lippen berührte. Sie aß, aber nur wenig, verschluckte sich jedoch immer häufiger, so dass sich schließlich jede Mahlzeit noch länger hinzog, manchmal drei Stunden. Als ich wieder einmal dazukam, wie Frau Breck die wenigen Bissen, die sie aufgenommen hatte, aushustete, verlor ich die Geduld.

»Warum muss sich die arme Frau so lange quälen?«, sagte ich. »Warum hat sie keine Magensonde?«

Zehn Minuten später stürzte die damalige Pflegedienstleiterin in mein Büro und überschüttete mich mit Vorwürfen.

»Seit Jahren kämpfen wir gegen Magensonden, und jetzt

kommst ausgerechnet du, der Heimleiter, und fragst, warum sie keine hat!«

Zugegeben, eine Magensonde liegt auf der Skala des Unzumutbaren ungefähr auf der gleichen Höhe wie ein Beißschutz. Sie besteht im Wesentlichen aus einem dünnen Plastikschlauch, der durch die Nase in den Magen eingeführt wird. Auf diesem Weg lässt sich ein Patient per Spritze oder Spezialpumpe problemlos ernähren, wobei gewisse Risiken in Kauf zu nehmen sind, die Schleimhäute können verletzt oder die Magenwand perforiert werden.

Mein Tabubruch entfachte eine Diskussion, die andere Lösungen als das Füttern von Hand einbezog. Unsere Pflegenden waren sich nicht mehr so sicher, dass die bisherige Vorgehensweise die beste aller Möglichkeiten war. Dabei kamen verschiedene Aspekte zur Sprache, die sich zunächst mit der Situation der Frau beschäftigten. Wir fragten uns, ob sie das Verschlucken auf Dauer nicht als unerträglich empfinden müsse und unter dieser Last tatsächlich noch leben wolle. Zum anderen bezogen sich die Fragen auf die Situation der Pflegenden. Ist es das Leid der Frau, das uns bedrückt, oder das, was wir als ihr Leiden interpretieren? Verlängern wir eher ihr Leiden als ihr Leben? Wie stark dürfen wir uns in Prozesse einmischen, die das Leben anderer betreffen? Aber auch, ob sich andere Zuwendungen als nur die Nahrungsaufnahme anböten. Musik, Berührungen, generell die vielen Spielarten der basalen Stimulation würden ihr eher helfen als die endlos quälende Verabreichung des Essens.

Wir entschieden schließlich, Frau Breck weiterhin Essen und Trinken anzubieten, es ihr aber nicht aufzudrängen. Einhellig abgelehnt wurde die Magensonde, die uns all diese guten Gedanken ermöglicht hatte. Frau Breck starb zwölf Tage danach, friedlich und ruhig im Kreis ihrer Angehörigen.

Es sind zum Glück nicht nur Probleme wie Sterben und Aggressionsabwehr, die wir in unserer Ethikkommission wälzen. Wenn ich die Protokolle der Sitzungen durchblättere, stoße ich immer wieder auf Geschichten, die von Lust und Liebe erzählen, von Zärtlichkeit und Leidenschaft. Da ist zum Beispiel Frau Armbruster, die eine Dreiecksbeziehung mit den Herren Steiner und Fenner unterhält. Das funktioniert reibungslos, weil die beiden Männer nicht ständig in der Sonnweid wohnen: Der eine kommt am Montag und bleibt bis Mittwoch, der andere wohnt den Rest der Woche bei uns. Frau Armbruster liebt beide Männer. Wir sehen sie oft, wie sie mit dem einen oder anderen durch den Garten spaziert, Hand in Hand, auch mal eng umschlungen, und wenn es ihr danach ist, zieht sie sich mit dem jeweiligen Liebsten zurück. Soll sie, befanden wir, schließlich sind alle drei erwachsen. Allein der Rückzugsort gab uns zu denken: Es war regelmäßig die Toilette des Heims, und daran entzündete sich eine feurige Debatte. Für die einen war die hygienische Situation unerträglich, andere empfanden es als unwürdig, sich auf einer Toilette zu lieben, einige lehnten eine Ménage-à-trois aus religiösen Gründen ab, und so ziemlich alle machten sich Gedanken darüber, wie die gesunden Partner auf diese Affäre reagieren würden. Schließlich waren alle drei verheiratet. Grob gesagt, teilte sich die Kommission in zwei Lager. »Schaut doch mal, wie glücklich die sind!«, hieß es bei den einen. »Das geht jetzt aber wirklich zu weit!«, bei den anderen.

Die salomonische Lösung, zu der wir uns schließlich durchrangen, bedeutete, dass wir eines unserer Zimmer, die nur tagsüber genutzt werden, mit einem Doppelbett möblierten, in dem Frau Armbruster mit Herrn Fenner beziehungsweise mit Herrn Steiner übernachten konnte. Pflegende, die sich mit dieser Lösung überfordert fühlten, durften die Betreuung der drei an Kollegen übergeben, die damit keine Probleme hatten. Blieb die bange Frage, wie die Angehörigen reagieren würden. Das Protokoll verzeichnet folgende Statements:

Frau Fenner: »Wenn mein Mann gesund wäre und eine Geliebte hätte, würde ich ihn vor die Tür setzen. Aber er ist krank, und was für ihn gut ist, soll er bekommen.«

Frau Steiner: »Ich freue mich von Herzen, dass mein Mann eine Frau gefunden hat, die ihn liebt und ihm das gibt, was ich ihm, bedingt durch seine Krankheit, nicht mehr geben kann.«

Herr Armbruster: »Bestimmt ist meine Frau viel ruhiger, wenn sie jemanden an ihrer Seite hat.«

Ende gut, alles gut, auch für die Herren Fenner und Steiner, die sich laut Protokoll »sichtlich wohl, zufrieden und nicht überfordert fühlen«. Ebenso Frau Armbruster. »Sie braucht kaum noch Medikamente«, schließt der Bericht. »Allenfalls noch in der Nacht von Mittwoch zu Donnerstag, wenn keiner der beiden Männer bei ihr ist.«

Das kleinere Übel

Kranke Menschen riechen nicht immer gut.
Wer sie in ihrem Leid akzeptiert, kann damit leben

Frau Spauk war schwer dement, als sie im vergangenen Winter bei uns einzog. Die einst große, kräftige Frau stammte aus Wetzikon, wir kannten uns seit vielen Jahren, und sie hatte sich zu ihren gesunden Zeiten gewünscht, die letzten Tage bei uns in der Sonnweid zu verbringen. Sie war uns willkommen, aber wir machten uns auch Sorgen um die alte Dame. Sie weinte oft und weigerte sich zu essen. Vielleicht lässt sie sich von mir eher bewegen, wenigstens die Medikamente zu schlucken, dachte ich und setzte mich zu ihr, in der Hand einen Löffel Joghurt, in dem wir ihre Tabletten aufgelöst hatten. Ich sprach beruhigend auf sie ein, hielt ihr den Löffel an die Lippen, und als sie den Mund öffnete, flößte ich ihr die Mixtur behutsam ein. Einen langen Augenblick starrte sie mich an – und auf einmal spuckte sie mir die ganze Ladung ins Gesicht.

Natürlich zuckte ich zurück, und in den Schreck mischte sich ein Gefühl des Ekels. Doch schon während ich mir mit einer Serviette die Joghurt- und Speichelspuren um Mund

und Nase abwischte, wurde mir klar, dass sie einen triftigen Grund für diese Spuckattacke hatte. Schon vorher hatten uns sehr alte und kranke Patienten zu verstehen gegeben, dass sie weder essen noch Pillen schlucken, sondern nur noch in Ruhe sterben wollten. Wie bei allen diesen lebensmüden Menschen boten wir auch Frau Spauk weiterhin Mahlzeiten an, drängten sie ihr allerdings nicht auf. Zwei Wochen später schlief sie friedlich und für immer ein.

Wer schwerkranke Menschen pflegt, wird regelmäßig mit unappetitlichen Situationen konfrontiert. Ein Irrtum zu glauben, man könne sich an den Kontakt mit Erbrochenem und Kot so weit gewöhnen, dass man irgendwann gegen Ekelgefühle immun ist. Es hilft allerdings, sie zu ertragen, wenn man ihre Ursachen und Hintergründe erkennt, und das gilt nicht nur für Pflegende, sondern auch für all jene, die sich schon bei der Vorstellung halb zu Tode schämen, irgendwann wieder in die Hose zu machen, also auf das Niveau eines Säuglings zurückzufallen.

Vielleicht beruhigt es uns ein wenig, dass Ekel zu den elementarsten Emotionen des Menschen gehört. Das jedenfalls behauptet der Literaturwissenschaftler Winfried Menninghaus. In seinem Buch *Ekel. Theorie und Geschichte einer starken Empfindung* schreibt er: »Ekel aktiviert ein automatisches Rettungsprinzip. Ohne ihn wäre der Mensch wahrscheinlich nicht überlebensfähig. Mit seinen Begleiterscheinungen wie Unwohlsein, Brechreiz und Würgegefühl hält er uns auf Abstand zu Dingen, die unserer Gesundheit gefährlich werden könnten, darunter Fäkalien, Erbrochenes, Schimmel oder Verfaultes.«[13]

Wir wissen, dass Kleinkinder erst mit Hilfe von Vorbildern lernen, was essbar ist und was nicht. Bis zum Alter von etwa zwei Jahren halten sie generell alles für essbar und ekeln sich vor nichts. In der Folgezeit bevorzugen sie Speisen, die sie bereits kennen oder die ihnen bekannten Speisen ähnlich sind. Ekelreaktionen zeigen sie erst im Alter zwischen vier und acht Jahren. Von da an reagiert beim Anblick ekliger Dinge das sogenannte limbische System, also jener Bereich des Gehirns, der unsere Emotionen steuert. Menschen, bei denen Teile dieses Systems zerstört wurden, konsumieren mit Genuss zum Beispiel verdorbene Milch und andere Dinge, bei denen es die meisten Menschen schon schüttelt, wenn sie nur daran denken.

Auffallend allerdings, dass auch Zeitgenossen ohne Gehirnschaden ekelerregende Situationen zu genießen scheinen, wie die Millionen Zuschauer der Fernsehserie *Dschungelcamp*, in der sich Prominente in Tausenden von Maden wälzen oder Kakerlaken essen. Der Publizist Oliver Pfohlmann bezeichnet dieses Phänomen als »Voyeurismus mit sadistischen Anteilen«[14]. Die Sendung sei so etwas wie eine virtuelle Mutprobe, die aber für die Stubenhocker vorm Bildschirm weitgehend folgenlos bleibe. Vielleicht fühlen sie sich dabei auf magische Weise in ihre frühkindliche Phase zurückversetzt, in der sie noch keine Aversion gegenüber Kot, Käfern oder Würmern entwickelt hatten.

Das Schaurig-Schöne, das wir schon als Kinder gesucht haben, das Geheimnisvolle, das uns an die Grenzen des Erträglichen führt, diese Erfahrung, die wir ausloten wollen, bewegt sich sehr häufig im Bereich des Tabuisierten, Unanständigen und Perversen. Es sind geächtete Bereiche, wobei wir alle diese Triebe in uns tragen. Die Aufteilung der Welt in die Guten hier und die Bösen dort vereinfacht den Umgang mit uns selbst. Ekel zu zeigen kann auch eine Botschaft an die Außenwelt bedeuten: »Seht her, ich habe das Triebhafte im Griff, ich weiß, was sich nicht gehört!« Wenn wir Ekel zeigen, nutzen wir die Möglichkeit, uns als die Guten zu präsentieren, die so etwas abstoßend finden. Damit fließt unsere Ablehnung in den Mainstream der öffentlichen Meinung und schützt uns gleichzeitig vor der Gefahr, dass Tabuisiertes aus den Tiefen unseres Unterbewusstseins an die Oberfläche dringt.

Ekel entsteht im Zusammenspiel aller unserer Sinne, aber auch durch die Unfähigkeit, einen Teil der Sinne auszuschalten. Dabei kann es zu »Koalitionen« kommen, wenn etwa Sehen und Hören zusammen auf einen Ekelreiz reagieren. Für sich allein erträgt das Auge vieles: Beim ausschließlichen Sehen rieche ich nicht die verweste Leiche, höre nicht die Schreie der Gequälten, fühle nicht den Schmerz des Gefolterten, schmecke nicht das Blut des Geschlagenen. Schon von daher liegt die Vermutung nahe, dass das Auge »ekeltauglicher« ist als die anderen Sinne, vor allem, wenn ein Medium wie das Fernsehen eine Distanz zum Geschehen schafft und es somit erträglicher macht. Diese Distanz ist wahrscheinlich der entscheidende Faktor, wenn es darum geht, mit Ekelszenen Spannung zu erzielen.

Ein weiterer Aspekt ist der Gewöhnungseffekt. Auf Dauer gewöhnt sich das Auge an Ekel- oder Gewaltszenen und relativiert die Empfindungen. Je öfter wir bestimmte Bilder, zum Beispiel Folterszenen aus Abu Ghraib oder Enthauptungen der Terrortruppe ISIS, sehen, desto mehr flacht unsere Erschütterung ab. Bilder von Menschen zu betrachten, die gequält werden, während wir im Sessel sitzen und uns mit einem Glas Wein auf den Feierabend einstimmen – wie wäre das sonst möglich?

Im Geruch dagegen sind so ziemlich alle Empfindungen vereint. Er ruft Assoziationen von Leben und Tod hervor, Zuneigung und Aggression, Nähe und Distanz. Geruch ist alles. Und er steuert uns. Mit jemandem zusammenzuarbeiten, den man nicht riechen kann, ist kaum vorstellbar. Jemandem nahe sein, der nach Schweiß riecht, das kostet Überwindung. Unter »gut riechen« verstehen wir nicht nur Sauberkeit, sondern auch Reinheit, ja sogar Schönheit. Zu diesem Kreis wollen wir gehören, er grenzt uns ab gegenüber den Stinkenden, den Kranken, den Alten, den Sterbenden.

Die Nase ist sensibel, freut sich am Feinen, kräuselt sich bei Übelriechendem.

Aber warum eigentlich rümpfen wir sie, wenn sie einen strengen Geruch aus Mülleimern oder Abflussrohren einfängt? Gibt es objektive Maßstäbe, anhand derer wir bestimmen können, ob etwas fein oder faulig duftet? Oder liegt es daran, dass wir kulturell geprägt sind? Wir wissen zum Beispiel, dass unsere Vorfahren weniger sensibel auf Gerüche reagierten als wir. Patrick Süskind reibt es uns in seinem Weltbestseller *Das Parfüm* drastisch unter die Nase.

»Zu der Zeit, von der wir reden, herrschte in den Städten ein für uns moderne Menschen kaum vorstellbarer Gestank. Es stanken die Straßen nach Mist, es stanken die Hinterhöfe nach Urin, es stanken die Treppenhäuser nach fauligem Holz und nach Rattendreck, die Küchen nach verdorbenem Kohl und Hammelfett; die ungelüfteten Stuben stanken nach muffigem Staub, die Schlafzimmer nach fettigen Laken, nach feuchten Federbetten und nach dem stechend süßen Duft der Nachttöpfe. (...) Die Menschen stanken nach Schweiß und nach ungewaschenen Kleidern; aus dem Mund stanken sie nach verrotteten Zähnen, aus ihren Mägen nach Zwiebelsaft und an den Körpern, wenn sie nicht mehr ganz jung waren, nach altem Käse und nach saurer Milch und nach Geschwulstkrankheiten (...) Der Bauer stank wie der Priester, der Handwerksgeselle wie die Meistersfrau, es stank der gesamte Adel, ja sogar der König stank, wie ein Raubtier stank er, und die Königin wie eine alte Ziege, sommers wie winters.«[15]

Oft werde ich gefragt, woran man auf Anhieb erkennen kann, ob ein Pflegeheim gut oder schlecht geführt wird. Die Antwort ist denkbar einfach. Stellen Sie sich vor, Sie kommen auf eine Station, auf der chronisch kranke Menschen leben – und sie riechen den Uringestank, der sich seit langem in die Fugen der gefliesten Böden und Wände gefressen hat. Dieser

Geruch verkündet eine eindeutige Botschaft: Hier ist es zum Kotzen! Ein Patient, der eingeliefert wird, riecht es natürlich auch, und ist diesem Geruch fortan ausgeliefert. Da hilft kein noch so intensives Deodorant, und selbst das teuerste Parfüm kann dieser Atmosphäre keine erträgliche oder gar edle Duftnote verleihen. Schon seine Herkunft spricht dagegen, wie es der Arzt und Kabarettist Eckardt von Hirschhausen schlüssig und drastisch schildert.

»Was ist eigentlich Parfüm? Pheromone! Von Tieren. Moschus ist das Analsekret des Moschusochsen. Wir Menschen schämen uns, unter den Armen zu riechen wie ein Mensch, und halten uns ernsthaft für attraktiver, wenn wir dort riechen wie ein Ochse am Arsch! Ich wüsste zu gerne, was Ochsen über uns denken.«[16]

Über Geschmack lässt sich nicht streiten? Von wegen! Kaum ein Thema erhitzt die Gemüter heftiger als Urteile über Nuancen eines guten Weins oder die angemessene Zubereitung eines Menüs. Solche Geschmacksfragen drehen sich eher um ästhetische Aspekte der Kunst, Kulinarik und Mode. Doch wenn wir von Ekel sprechen, rückt es uns näher auf die Pelle.

Am meisten zu schaffen macht es uns, wenn Dinge in den Mund gelangen, die da nicht hingehören. Aus meiner Zeit in der Notaufnahme erinnere ich mich an manche Momente, in denen die Grenze des Erträglichen überschritten wurde, zum Beispiel, als ein überreifer Abszess unter dem Messer des Operateurs platzte und ihm der Eiter ins Gesicht spritzte.

Auch die Sonnweid hat zuweilen heftige Ekelmomente zu bieten; neulich berichtete mir ein Mitarbeiter, die Cola aus dem Automaten der Cafeteria habe einen sehr strengen Nebengeschmack gehabt, als er die Flasche an den Mund setzte. Nachforschungen ergaben, dass ein Patient kurz zuvor in die Ausgabenklappe uriniert hatte.

Nur ein schwacher Trost, dass der Mann nicht wusste, was er tat. Ein dementer Mensch folgt halt seiner eigenen Logik. In diesem Fall hatte sie ihn an ein Gerät geführt, das ihn offenbar an ein Urinal erinnerte und in aller Unschuld veranlasste, sich dahinein zu erleichtern. Auch wenn Kleinkinder oder Demente in die Windel machen, können wir uns vorstellen, dass sie dabei das Gefühl des Warmen, Weichen spüren und die Ursache nicht mit einer Darmentleerung verbinden.

Der Ekel findet viele Wege in unsere Gefühlswelt. Wer hat noch nicht die peinliche Situation erlebt, in der sich bei einem Gegenüber oder gar bei einem selbst eine Blähung in Gegenwart anderer entladen hat? Nachhaltiger als die Folge solcher Flatulenzen wirkt es, wenn wir mit Fäkalwörtern eingedeckt werden, die uns erniedrigen sollen. Was von derartigen Zumutungen übers Ohr einsickert, kann tiefer beschämen und demütigen als sichtbare Attacken, weil unsere Vorstellung das Ekelbild verinnerlicht.

Pflegende sind keine Roboter. Im Gegensatz zu mechanischen Hilfsgeistern sollen sie in der Lage sein, mit geschärften Sinnen kranke und alte Menschen in ihrem Leid zu begleiten. Sie sind oft dem schreienden Menschen ausgesetzt, den stinkenden Ausscheidungen, den Falten und Runzeln, dem Kontrollverlust des Leidenden. Dennoch muss der Patient spüren, dass ihm einer zur Seite steht, der ihn vor Bloßstellung und Erniedrigung schützt, der mit dieser Scham umgehen und ihm das Gefühl verleihen kann, angenommen zu sein. Nur wenn eine machtfreie Zone entsteht, kann gelernt werden, wie es wäre, wenn man sich selbst in der Lage des anderen befände und was man sich in solch einer schamvollen Situation wünschen würde.

Darüber im Gespräch sein, dass der Mensch als Mensch wahrgenommen wird.

Unabhängig von all dem, was er mit sich bringt an Prägungen, Trieben, Gerüchen, Ausscheidungen. Die Bedingungslosigkeit in der pflegerischen Beziehung wird zum Prüfstein der Menschenwürde.

Ohne Liebe läuft gar nichts

Der schönste Garten und das schönste Haus bleiben Leerräume, wenn sie nicht mit Leben erfüllt sind

Manche Besucher, die zum ersten Mal unseren Garten besichtigen, machen uns ein Kompliment, das wir nicht gern hören. »Was für ein schöner Demenzgarten!«, rufen sie und reduzieren damit die Menschen, die bei uns leben, auf ihre Krankheit. Wen dieser Diagnosestempel prägt, von dem meint man zu wissen, was er braucht, weil man voraussetzt, dass alle Dementen dieselben Bedürfnisse haben. Sieht man sie dagegen als Persönlichkeiten mit all ihren Eigenarten und Möglichkeiten, dann braucht es keinen »demenzgerechten« Garten, sondern einen Ort, an dem sich alle Menschen wohlfühlen, ob gesund oder krank, ob groß oder klein, ob gebrechlich oder noch rüstig. Ob Sinnesgarten oder Lustgarten, Dorfplatz oder Paradiesgarten, wie ich ihn nenne, ist egal. Bloß schön muss er sein.

Aber was heißt »schön«? Ist es die Kunst, die Herr Krauter Tag für Tag schafft? Der Mann mit dem Reisigbesen gehört seit zehn Jahren zum Erscheinungsbild unseres Gartens, in dem er von morgens bis abends die Kieswege kehrt. Was dabei unter seinen Händen entsteht, erinnert mich manchmal an die avantgardistische Kunstform *Land Art*, deren Vertreter ja auch hin und wieder dekorative Spuren in den Sand ziehen. Dabei ist Herr Krauter von Haus aus eigentlich kein Künstler. Bevor er zu uns kam, hatte er als Bahnhofsvorsteher gearbeitet. Vielleicht treibt ihn sein Ordnungssinn, so lange Staub und Steinchen vom Wegrand zu kehren, bis er links und rechts fußtiefe Furchen ausgehöhlt hat und in der Mitte ein kleiner Kieswall den Windungen des Weges folgt. Möglich auch, dass sich ein Gestaltungswille Bahn bricht, den er in seinem Beamtenleben nicht ausleben durfte.

Auf jeden Fall sieht es originell aus, was er da unermüdlich anrichtet. Ebenso der Besen, der nach zwei Kehrwochen regelmäßig nur noch ein zerfaserter Strunk ist. Eines Tages werde ich einen davon in Harz gießen lassen und als Beweis für den Schaffensdrang unserer Bewohner zu den anderen Kunstwerken stellen, die unseren Garten schmücken. Eines davon besteht aus rostigen Schraubenschlüsseln, Hufeisen und Gitterstäben, die Herr Bolt, der Mann einer Bewohnerin, zu einer hüfthohen, leicht schräg stehenden Installation zusammengeschweißt hat. Kunst spült den Staub des Alltags von der Seele, hat Pablo Picasso einmal gesagt. Was könnte den Schaffensdrang der Herren Krauter und Bolt treffender beschreiben als dieser Satz!

Ein Garten braucht ein Konzept, das die Bedürfnisse der Menschen nach Bewegung und Entspannung berücksichtigt. Wenn beides gelingt, nämlich Räume zu öffnen, in denen sich jeder nach Belieben austoben kann, daneben aber auch Rückzugswinkel zu schaffen, in denen man Ruhe findet, entsteht eine Art Gesamtkunstwerk, das sich mit den Ansprüchen seiner Nutzer ständig wandelt. Unser Garten wird nie fertig, weil er sich fortwährend dem Tun und Lassen unserer Bewohner anpasst. Ich beobachte jeden Tag, wie sich dort draußen Leben abspielt, zuweilen auch Liebe, wie im Fall des Pärchens, das Hand in Hand von der Terrasse aus über die Wiese in Richtung See geht. Es wird gleich hinter dem kleinen Hügel verschwinden und sich wahrscheinlich auf einer der Bänke am Ufer niederlassen. Was es dort tut, geht mich nichts an; und auch die beiden stummen Burschen in kurzen Hosen, die ein paar Schritte entfernt ihre Angel ausgeworfen haben, verhalten sich diskret, weil sie aus Holz sind. Ein Bildhauer hat die lebensgroßen Figuren mit der Kettensäge geschaffen und bunt bemalt, ebenso die Gestalt des Mannes, der auf einer Kugel balanciert und eine Unterhose in die Höhe reckt. Ursprünglich stand er unter der Wäscheleine, auf der ebenfalls geschnitzte Hemden, Strümpfe und Hosen baumeln, aber nachdem sich eine Patientin bei Regen immer wieder verzweifelt mühte, ihm das Wäschestück aus den Händen zu winden, mussten wir ihn in eine entfernte Gartenecke umquartieren.

Irgendwo hab ich den Satz aufgepickt, dass eine Aufgabe von Kunst darin besteht, eine eigene Wirklichkeit zu erschaffen. Wenn es so ist, zeichnet sich in diesem Wort recht anschaulich die Welt der demenzkranken Menschen, auch wenn sie nicht gerade Wege harken oder Metall verarbeiten. Sie bewohnen eine Realität, in der sie sich nach eigenen Spielregeln bewegen und dabei voraussetzen, dass andere mitspielen. Wie Herr Hartwig, der bei Wind und Wetter durch den Garten wandert, immer eine Mappe mit Bauplänen unterm Arm, so wie er es früher als Architekt gewohnt war. Wir alle mögen den alten Herrn, dem man auf den ersten Blick noch keine Spuren seiner Krankheit anmerkt. Wenn man sieht, wie er durch den Garten wandelt und sinnierend vor dem Gehege verharrt, in dem unsere Hühner scharren, könnte man sich fragen, wie er in seiner aktiven Zeit das Architekturkonzept der Sonnweid beurteilt hätte. All die imposanten Wohn- und Zweckbauten nebst durchgestylten Grünanlagen, die er einst gestaltet hat, unterscheiden sich ja grundsätzlich von dem Ensemble aus Heimgebäuden und Gartenanlage, das wir in der Sonnweid geschaffen haben. Denn die Absicht, zu repräsentieren oder gar zu imponieren, lag uns von Anfang an fern. Dennoch scheint sich Herr Hartwig auf unserem Areal zwischen Blumenbeeten, Hecken und Obststräuchern, eingefriedeten Ruheplätzen und kleinen Pavillons so wohlzufühlen, dass er nur mit Mühe zu den Mahlzeiten ins Haus zu locken ist. Erst wenn eine Pflegerin zu ihm geht und höflich um Einsicht in seine Baupläne bittet, lässt er sich erweichen. Nachdem er seine Entwürfe erläutert hat, bietet er ihr den Arm, an dem er sie in die Cafeteria geleitet.

Nicht jeder unserer Bewohner lässt sich so leicht und angenehm zu seinem Wohl überzeugen. Ein eher sperriger Zeitgenosse ist Herr Richter, der am Korsakow-Syndrom leidet. Wie viele Patienten mit dieser Demenzform hat er Schwierigkeiten, seine Emotionen zu kontrollieren, und reagiert mit unbändiger Wut auf alles, was seiner täglichen Routine in die Quere kommt. Wehe, wenn man ihm am Morgen seine Schuhe nicht schnell genug zuschnürt! Wehe, man spricht ihn an, wenn er tagsüber seine Mandalas malt oder ihn rauchend auf der Terrasse antrifft! Er sitzt oft dort, weil er Kettenraucher ist, und die noch mildeste Art der Beschimpfung, die er einem Störenfried entgegenzischt, lautet: »Verschon mich mit deinem saudummen Mist!«

Wer wollte es da auf sich nehmen, Herrn Richter davon zu überzeugen, dass Rauchen schädlich ist? Für ihn und andere Bewohner, die es nicht lassen können, haben wir deshalb die Terrasse überdacht, damit sie nicht im Regen stehen müssen, wenn sie das Verlangen vor die Tür treibt. Doch ob Raucher oder Nichtraucher, ins Freie wollen sie alle: zu Fuß, solange es noch geht, im Rollstuhl, wenn die Beine nicht mehr tragen, und das bei jeder Witterung. Damit sie auch bei widrigem Wetter ihre Runden drehen können, hängen in einer Garderobe am Eingang ihre Winter- und Regenjacken, wobei wir nicht mehr genau sagen können, welches Kleidungsstück wem gehört. Da sich mit fortschreitender Demenz auch der Eigentumsbegriff verliert, gehört es jeweils dem, der reinpasst. Auch eine fremde Jacke wärmt.

Wir sehen es gern, wenn unsere Bewohner sich eigene Wege suchen und das nicht nur in übertragenem Sinn, sondern durchaus konkret, indem sie querbeet über den Rasen gehen. Fließende Übergänge laden sie dazu ein. Randsteine als Wegbegrenzung würden für Menschen, die nicht mehr so gut sehen, Stolperfallen bilden. Ebenso wie die Spuren, die Herr Krauter hinterlässt. In aller Herrgottsfrühe rückt deshalb jeden Tag ein verständnisvoller Hausmeister an und ebnet sie ein. Die Wege sollten mindestens anderthalb Meter breit sein, damit auch Paare aneinander vorbeikommen. Sie münden alle über kurz oder lang in kleinen Plätzen. Seit jeher sind Plätze ja Orte, auf denen sich Menschen treffen und miteinander reden, vorausgesetzt, sie sind so einladend gestaltet, dass man sich dort bequem aufhalten kann. Bei uns sind Gartenstühle, Liegen und kleine, runde Tische diese Ruhezonen, in denen jedes Stück aus natürlichen Materialien besteht. Kunststoff ist zwar billiger als Holz, aber es altert schnell und hässlich, außerdem staut sich auf einem Plastikstuhl bei Hitze der Schweiß an Hintern und Rücken, und im Winter kriecht die Kälte schnell durch die Kleidung. Wer würde sich unter solchen Bedingungen gern zu einem gemütlichen Plausch niederlassen?

Wir haben schon deshalb einen so erheblichen Aufwand mit der Weggestaltung getrieben, weil wir ein möglichst weitläufiges Verbindungssystem schaffen wollten. Wer durch die Glastür im Eingangsbereich des Heims ins Freie tritt, schaut über die Grenze des Parks hinaus in eine sanft hügelige Landschaft, die sich bis zu den Alpen erstreckt. Keine sichtbare Grenze schließt den Park ab, durch den sich Wege mit einer

Gesamtlänge von fast anderthalb Kilometern schlängeln: über Hügel und zwischen Blumenrabatten hindurch, streckenweise von einem Bach begleitet, der in einen kleinen See plätschert. Wer möchte, bleibt stehen und schaut. Wen es weitertreibt, der geht weiter. Es sind nur Angebote: der Brombeerbusch, der Zwetschgen- und der Apfelbaum, die Johannisbeeren, die Traubenreben, der Kräutergarten. Ursprünglich ging ich davon aus, dass die Bewohner die Himbeeren pflücken würden, aber das tun sie selten. Eher die Besucher und Mitarbeiter. Der Garten ist für alle da, und das Beste ist, dass keiner der Wege irgendwo endet. Bevor er an einem Zaun oder sonst wo zur Sackgasse werden könnte, krümmt er sich in eine neue Richtung oder vereinigt sich mit einem anderen Weg. Ein labyrinthisches und doch überschaubares Areal, in dem beim Spazieren nie das Gefühl aufkommt, eingesperrt zu sein.

Einer der Wege führt zu den unzähligen Tonfigürchen, die sich auf einer Terrasse vor dem Haus zu einer kleinen Karawane hinter Glas aufreihen. Einige gleichen knorrigen oder wulstigen Fabelwesen, andere sehen aus wie Vierbeiner, die Männchen machen, wiederum andere ähneln gebeugten Gestalten, die mit unbekanntem Ziel unterwegs sind. Jede davon gehört zu einem Menschen, der in der Sonnweid lebt oder gelebt hat, und jede davon entstand in den ersten Wochen nach dessen Ankunft. Das Procedere gestaltet sich ebenso einfach wie eindrücklich: Im Werkraum des Heims legt Kursleiterin Ursula Zarth den Teilnehmern zwei Rollen weichen Ton in die Hand. Mit sanftem Fingerdruck lassen die sich zu einer

Figur formen, die unverwechselbare Merkmale des Gestalters trägt. Im Töpferofen bei mehr als tausend Grad gebrannt, gehärtet und glasiert, wandert eine der beiden Memorialfiguren in der Karawane mit oder wird in unserem Raum der Stille ausgestellt, die andere wird nach dem Tod des Betreffenden dessen Angehörigen übergeben, ein Andenken, das körperlich und spirituell seine Handschrift trägt.

Sich zu bewegen, gehört zu den elementaren Bedürfnissen des Menschen, ob dement oder nicht. Mobilität läuft darauf hinaus, Grenzen zu erfahren, aber auch zu erweitern. Bei einem schwer pflegebedürftigen Menschen endet die Beweglichkeit an den Bettkanten. Bei anderen verlaufen die Grenzen ums Haus, um den Garten, um die Heimatregion, und für manche Abenteurernaturen wird selbst die Erde zu eng. Unsere Erfahrung zeigt: Je größer wir die Freiräume gestalten, desto weiter dehnen sich die Grenzen für den Einzelnen aus, umso weniger fühlt er sich eingesperrt.

Es dauerte, ehe wir darangingen, unsere Freiräume ins rechte Licht zu setzen. Bei älteren Menschen lässt die Sehkraft nach. Eigentlich geht es damit schon ab dem vierzigsten Lebensjahr los, weil sich von da an die Pupille verkleinert und Augenlinse, Hornhaut und Glaskörper weniger Licht durchlassen. Besonders der blaue Spektralbereich ist davon betroffen, weshalb nach und nach die Farben vor unseren Augen verblassen.

Die Folgen dieser Alterserscheinungen werden oft unterschätzt. Ein Sechzigjähriger benötigt beispielsweise eine dreifach größere Lichtmenge für dasselbe Sehergebnis wie ein Zwanzigjähriger, ein Fünfundachtzigjähriger sogar die achtfache Menge. Bei schwachem Licht gehen alte Menschen deshalb ein größeres Sturzrisiko ein als jüngere. Mit der Demenz kommt als Handicap hinzu, dass sie Kontraste und Tiefen weniger deutlich erkennen als Gesunde. Die Erfahrung zeigt, dass die Sturzgefahr bei diffusem Licht steigt, ebenso wie Ängste und Depressionen. Wer mit alten Menschen zusammenlebt, sollte deshalb die Beleuchtung nicht nach eigenem Empfinden herabdimmen, auch wenn sie ihm in die Augen sticht.

In den sechziger Jahren erkannte die Wissenschaft, dass Licht unseren Tagesrhythmus steuert, aber erst ein halbes Jahrhundert danach entdeckte man die Rezeptoren im Auge, die vor allem auf blaues Licht reagieren und Informationen für die sogenannte innere Uhr des Gehirns liefern. Dieses Regulativ in der Zirbeldrüse schüttet das Hormon Melatonin aus, das als Müdemacher gilt. Fangen die Rezeptoren viel Licht ein, wird weniger Melatonin in der Zirbeldrüse produziert, und der Mensch bleibt hellwach. Gegen Abend steigt die Menge des ausgeschütteten Melatonins auf das Zehnfache an; den höchsten Wert erreicht sie um drei Uhr nachts. Dennoch liegen viele alte Menschen zu dieser Zeit nicht im Tiefschlaf, sondern werden von der berüchtigten »senilen Bettflucht« aufgescheucht. Die Ursache ist altersbedingt: Weil sich die Augenlinse im Laufe der Jahre gelblich-braun färbt, filtert sie vor allem Blautöne aus dem Licht, so dass die Zirbeldrüse zu wenig Melatonin an den Organismus abgibt. Die Folge ist, dass alte Menschen nachts nicht mehr so tief schlafen wie in jüngeren Jahren und tagsüber müde sind. Ein Zustand, der sie unruhig und reizbar macht.

Eine weitere biologische Funktion des Lichts beruht auf der Synthese des Vitamins D. Eine Vorstufe dieses Hormons produziert unser Körper selbst, aber erst wenn ultraviolette Strahlen des Sonnenlichts die Haut erreichen, kann es seine Wirkung als »Knochenvitamin« entfalten. Vitamin D sorgt unter anderem dafür, dass wir genug Kalzium produzieren. Wer zu wenig davon hat, weil er sich regelmäßig vor der Sonne versteckt, neigt vor allem im Alter zu Frakturen, wird also im Wortsinn zu einem gebrechlichen Menschen.

Viel Licht bedeutet eine höhere Lebensqualität als wenig Licht – und das nicht nur bei Demenzkranken, sondern bei uns allen. In dieser fast banal klingenden Aussage lässt sich das Ergebnis einer Studie zusammenfassen, die die Polytechnische Hochschule von Lausanne 2012 durchführte. Naheliegend, dass Tageslicht die beste und billigste Lichtquelle ist. Eine ebenfalls wirkungsvolle, allerdings sehr teure Lösung sind circadiane Lichtquellen, bei denen sich neben der Lichtstärke auch die Farbtemperatur regeln lässt. Sie ermöglichen es, Tageslicht in all seinen Phasen zu imitieren, also eine künstliche Sonne für den Innenbereich zu schaffen, besonders geeignet für Patienten, die es nicht mehr so oft ins Freie schaffen. Viele demenzkranke Menschen sind am Morgen noch gut gelaunt, ihre Lebensfreude nimmt jedoch im Lauf des Tages ab und schlägt gegen Abend zuweilen in Ärger um. Wer dieser Tendenz zum Trübsinn entgegenwirken möchte, sollte seinen Angehörigen in irgendeiner Form am Nachmittag auf Trab bringen, und sei es auch nur, ihn ein paar Schritte in den Garten zu begleiten.

Wir stimulieren die dementen Menschen mit unseren Angeboten. Wir regen sie an, etwas zu tun, versuchen, sie emotional zu erreichen und sie dabei nicht zu überfordern. Wir bespaßen sie aber nicht. Ein Heim ist schließlich kein Vergnügungsdampfer. Oder doch? Wenn Otto Spirig durchs Haus wandert, ein Akkordeon vorm Bauch und ein paar hundert Melodien in den Fingern, drängt sich dieser Eindruck zuweilen auf. Mit Musik erreicht man Demenzkranke. Das Repertoire des Fachmanns für musikalische Impulse besteht aus einer Unzahl von Ohrwürmern, die er so mitreißend serviert, dass es schon nach ein paar Takten selbst müde Gestalten aus den Sofaecken reißt. Ob Volkslied oder Schlager, Lumpenlied, Operettenschnulze oder Opernarie, bald hat er sie alle im Schlepptau, singend ziehen sie durch die Gänge, sogar unser Koch fällt mit ein, wenn die Polonaise durch seine Küche tapert. Oft mündet die Karawane in der Cafeteria, wo Pat Berger erste Akkorde auf der Gitarre zupft. *My Bonnie is over the ocean* singt sie, und nach zwei, drei Takten springt der Funke über, zunächst auf Frau Amaretta, eine kleine Italienerin, die ihre drei Perlenketten auf dem schwarzen Kleid klickern lässt, während sie um die Sängerin herumhüpft, gleich darauf mischt sich eine ältere Dame mit Jodlern ein, zwei Paare tanzen, und eine Frau in der letzten Reihe fordert mit rauer Stimme: »A drink for the band.« Die Menschen haben eine Rolle, sie gehören dazu.

Demente sind oft unruhig, langes Sitzen nervt sie, beim Tanzen und Singen können sie aus sich herausgehen. Das Repertoire der welterfahrenen Pat Berger, die fünf Sprachen beherrscht, ist unerschöpflich. Bevor sie in die Sonnweid kam, hatte sie Volksmusik studiert, drei Dorfchöre geleitet, sich zur Altenpflegerin ausbilden lassen und als Mutter von vier Kindern und Oma von zwei Enkeln gelernt, wie man mit Kindern umgeht, also auch mit Erwachsenen, die wieder zu Kindern werden.

»Ich erlebe oft, wie Menschen, die verkrümmt hereingerollt werden, sich langsam aufrichten, wenn ich sie ansinge«, sagt sie. »Die Musik ist ein Schlüssel zu den Menschen.«

Singen öffnet oftmals ein Fenster zur Vergangenheit der Patienten und setzt Energien für die Gegenwart frei. Es motiviert die Suche nach Heimat und Identität, die im Verlauf der Krankheit immer mühsamer wird. Beim Singen vernetzen sich Gefühl und Verstand, die Melodie, die in einem anderen Teil des Gehirns gespeichert ist als der Text, lockt den Wortlaut hervor und öffnet einen Weg zum Langzeitgedächtnis. Erinnerungen beginnen zu fließen: hin zu Schlafliedern der Kindheit, zum Choral der Konfirmation, zum ersten langsamen Walzer der Tanzstunde, zum Hochzeitsmarsch oder zum schnulzig schönen *O sole mio* aus den Flitterwochen im Land, wo die Zitronen blühen.

Manchmal veranstaltet ein Mensch in Frack und Melone diese Reise in die Vergangenheit: Clown Marcel Briand schiebt einen Karren herbei, auf dem sich ein Sammelsurium aus Musikinstrumenten und Puppen, Teppichklopfern, Nachttopf und allerlei anderem altmodischen Zeug türmt. Zu den besonders ehrwürdigen Stücken gehört das Trichtergrammophon, auf das er eine Schellackplatte legt. Er kurbelt, was das Zeug hält, und schon kratzt die Nadel eine alte Melodie aus den ersten Rillen: *O Donna Clara, ich hab dich tanzen gesehen*, näselt ein Tenor, während sich der Clown vor einer alten Dame verbeugt und ihr das vergilbte Foto einer jungen Frau mit Pagenfrisur und Schlafzimmerblick vor Augen hält.

»Schauen Sie mal, wie schön sie ist«, sagt er. »Waren Sie auch mal so jung?«

Die alte Dame lächelt versonnen, als er ihr eine flauschige Federboa um den Hals drapiert. Jetzt holt er auch noch einen Flakon herbei und versprüht Duftwolken aus Kölnischwasser im Raum. Inzwischen knödelt der Tenor, dass ihn Donna Claras Schönheit toll gemacht habe und als er verkündet, dass sich *bei jedem Schritte und Tritte ihr Körper in der Mitte* biegt, tanzt die alte Dame im Arm des Clowns durch den Saal, und alle singen mit.

Doch es gibt auch ernste Momente im Repertoire des Clowns Marcel Briand, der Pfleger von Beruf ist und sich in die Mentalität der Patienten einfühlen kann. Zu den Requisiten, mit denen er sie in die Vergangenheit führt, gehört eine alte Schreibmaschine, mit der er sich als Sekretär für unerledigte Liebesbriefe andient. Nicht alle sind dafür offen. Es sind vor allem Frauen, die das Angebot annehmen und mit ihrer Offenheit berührende Botschaften übermitteln. Wie dieser Brief einer alten Dame aus der Sammlung des Clowns:

»Lieber Fritz, bist halt gestorben, und jetzt will mich keiner mehr, mein Jahrgang ist nicht mehr gefragt. Du warst mir ein Guter, ein Lieber. Wir haben eine gute Zeit gehabt, jetzt ist sie fertig.«

Aber es werden auch bittersüße Botschaften in die Maschine diktiert. »Ernst, ich liebe Dich nicht mehr«, lässt eine Frau Emma ausrichten. »Ich habe einen anderen, Besseren genommen und bekommen. Kein Gruß und kein Kuss.«

Ohne Liebe läuft gar nichts, lautet das Motto, das Marcel Briand von seinem großen Vorbild, dem Schweizer Clown Dimitri, übernommen hat. Es könnte eigentlich über jeder unserer Aktivitäten stehen, selbst wenn es sich um so alltägliche Notwendigkeiten wie Essen und Trinken handelt.

In vielen Heimen werden die Mahlzeiten von externen Großküchen geliefert. Das muss nicht immer schlecht schmecken oder gar unbekömmlich sein, denn der Ruf nach einer ausgewogenen Ernährung hat inzwischen auch die besseren Cateringfirmen erreicht. Doch was tun, wenn Frau Lück im Gedenken an ihre glückseligen Kindergeburtstage nur noch Torte essen will? Oder wenn sich Herr Hartwig einfach keine Zeit fürs Essen nehmen kann, weil ihn sein Bewegungsdrang von früh bis spät durch Haus und Garten treibt? Oder wenn Frau Beil keinen Appetit mehr hat, weil sie nur noch bis zur

Unkenntlichkeit püriertes Zeug schlucken kann? Bei einem Kind würden wir genau darauf achten, was ihm schmeckt. Das sollten wir auch bei Alten und Dementen tun: ihre Wünsche und Bedürfnisse als Priorität sehen, sie also nicht ins Korsett normierter Essenszeiten und standardisierter Gerichte zwingen. Wann und wo, wie und was gegessen wird, entscheidet jeder nach seinem Geschmack, auch wenn sich jemand wie Frau Lück auf ein Lieblingsgericht kapriziert. Gesund ist das gewiss nicht, aber es ist auf jeden Fall menschlicher als eine Zwangsernährung per Magensonde. Dabei geben wir die Hoffnung nicht auf, dass Frau Lück sich irgendwann doch noch erweichen lässt, auf ihre Torte zu verzichten und in ein Käsebrot, einen Apfel oder eines der vielen Appetithäppchen zu beißen, die an allen Ecken und Enden des Heims auf kleinen Bistrotischen angeboten werden.

Dass die bettlägerige Frau Beil wieder Freude am Essen fand, hat sie einem unserer jungen Kochgehilfen zu verdanken, den die Appetitlosigkeit der alten Dame auf die Idee brachte, die Küche an ihr Bett zu verlegen. In der Hoffnung, dass der Speck- und Zwiebelduft eines feingehobelten Kartoffelröstis sie zum Essen animieren würde, brutzelte er die Schweizer Spezialität auf einem Campingkocher direkt vor ihrer Nase. Sie kaute und schluckte alles in einem Rutsch hinunter, verlangte hinterher eine Flasche Bier, trank sie aus und sank selig lächelnd in die Kissen.

Die Idee unseres jungen Kochpraktikanten machte Schule. Um auch andere Bewohner auf ähnliche Weise zu erfreuen, ersetzten wir den Campingkocher durch einen fahrbaren Gasherd, den sogenannten Kochboy, auf dem Brühe köchelt, Gemüse dünstet und Gebratenes schmort. Wir schicken jeden Tag einen Koch los, der das kulinarische Vehikel zur Mittagszeit durch die Stationen schiebt und Wohlgerüche verbreitet. Amüsant zu sehen, wie sie Lebensgeister wecken, wie sich bei dösenden Bewohnern in den Sitzecken die Nasenflügel blähen und Lider flattern. Einen ähnlichen Effekt erzielt ein mobiler Ofen, der das Aroma frischgebackener Brote und Kuchen verströmt. Auch das ein herzerwärmender Anblick, wenn sich die Bäcker mit Helfern aus dem Kreis der Bewohner um einen Tisch scharen, Eier und Milch, Zucker und Mehl verrühren und ihr Werk mit cremigen Sahneschnörkeln krönen. Als die besten Kuchenbäckerinnen vor Ort haben sich zwei Frauen bewährt, die sonst den Putzdienst versehen. Sie sprechen zwar nicht so gut Deutsch, weil sie aus Portugal stammen, verstehen es aber, ihre Helfer geduldig einzubeziehen.

Wir erleben es immer wieder, dass der Zugang zu den Patienten nicht vom Bildungsgrad abhängt. Wichtiger sind Offenheit und Empathie. Die Menschen werden bei uns nicht nur von ausgebildeten Pflegern betreut, auch Putzfrauen, Köche und andere dienstbare Geister bringen sich ein.

Wie wir mit unseren Schützlingen umgehen, das macht neunzig Prozent einer guten Pflege aus. Sie funktioniert am besten, wenn wir Spielräume schaffen, in denen sich die Patienten ausleben können. Dann entpuppen sie sich als eigenwillige Persönlichkeiten, so unternehmungslustig, liebebedürftig und von einer erfrischenden Offenheit, wie man es sonst nur von Kindern kennt. Freiräume zu erobern, das fällt unseren Bewohnern leicht. Sie suchen nicht, sie finden. Sie bitten nicht, sie nehmen. Sie zweifeln nicht, sie wissen. Wer sie verstehen und von ihnen verstanden werden will, muss die Sprache des Herzens beherrschen. Diese Form des gegenseitigen Verständnisses fällt nicht vom Himmel, man muss bereit sein, sie zu lernen und zu üben. Das gilt für jeden, der mit demenzkranken Menschen arbeitet, wobei nicht ein Teil der Mitarbeiter darauf reduziert werden sollte, Einlagen zu wechseln, während andere sich zu Höherem berufen fühlen dürfen. Auch unsere Friseurin kann pflegen oder betreuen. Jeder weiß, wie man mit Dementen umgeht, die Putzfrau, die Chorleiterin und auch Renate Sulser, die mir vor mehr als zwanzig Jahren vorschlug, Malstunden mit unseren Bewohnern einzurichten. Sie hatte bereits Kurse für Kinder und Behinderte geleitet und überzeugte mich mit ihrem Konzept. Zunächst sollte sie aber mindestens ein Jahr lang bei uns in der Pflege arbeiten. Sie fürchtete zwar, dieser Aufgabe nicht gewachsen zu sein, ließ sich aber schließlich darauf ein. Aus dem einen Jahr wurden sieben. Vormittags betreute sie eine Wohngruppe, nachmittags lud sie bis zu sechs Teilnehmer in das Atelier ein.

Kinder kritzeln, wenn sich ihr Sprachvermögen noch nicht entwickelt hat, Demente kritzeln, wenn es verlorengegangen ist. Schwindet die Fähigkeit zu sprechen, kann Malen den Verlust ersetzen, wobei in den frühen Phasen der Demenz oft überraschend ausdrucksvolle Bilder in starken Farben entstehen, bizarre Spuren, die zu Erfahrungen des früheren Lebens führen. Nicht jeder will sich darauf einlassen. Renate Sulser kennt eine Reihe von ablehnenden Sätzen wie: »Malen? Nein, das kann ich nicht, und mein Mann hat's nicht gern.« Oder: »Das ist nichts für mich, bin ja Näherin von Beruf. Malen Sie doch selbst. Sie sind ja die Meisterin.«

In solchen Fällen spielt auch die Angst zu versagen eine Rolle. Die müsse man ernst nehmen, sagt Renate Sulser, und darauf vertrauen, dass sie sich legt, wenn man sieht, wie andere beherzt ihre bunten und phantasievollen Zeichen setzen. Überhaupt beherzigt sie den Grundsatz, sich so wenig wie möglich einzumischen, stellt keine Aufgaben, zeichnet nichts vor, verrät keine maltechnischen Tricks und nimmt keine Korrekturen vor. All das würde die Teilnehmer überfordern. Lässt man ihnen freie Hand, kann sich ein Seelenbild entwickeln, in dem sich Gefühle wie Freude und Trauer, Ärger und Angst freier ausdrücken als in einer verbalen Reflexion.

Kinder sind die geborenen Künstler, Demente zuweilen auch. Dazu gibt es ein schönes Wort des großen Pablo Picasso: »Ich konnte schon früh zeichnen wie Raffael, aber ich habe ein Leben lang gebraucht, wieder zeichnen zu lernen wie ein Kind.«

Das menschliche Maß

Demenz wird die Gesellschaft verändern.
Ob zum Guten oder Schlechten, liegt in unserer Hand

Schon vor der ersten Tagungspause waren wir reif geschossen. Allen voran mein alter Kollege Christian Müller-Hergl. Seine grauen Locken standen wieder wirr zu Berge, als er sich mit einer Tasse Kaffee in der Hand zu mir setzte und zu klagen begann. Mit Recht: Die Referate der Pflege- und Demenzexperten, die wir uns bisher im Kreis von 240 Fachleuten, die mit der Betreuung und Pflege von demenzkranken Menschen zu tun haben, auf dem jährlichen Treffen der Holler Runde angehört hatten, zeichneten teilweise ein Schreckensbild der Pflegesituation in Deutschland. Begriffe wie Pflegenotstand, Dokumentationswahn, Hungerlöhne und die Profitgier privater Heimbetreiber malten das Bild einer Höllenfahrt an die Wand. Das Tagungsthema passte dazu wie die Faust aufs Auge: »Lieber tot als dement.«

Ich kenne den Theologen und Altenpfleger Müller-Hergl seit zwanzig Jahren und schätze seinen Weitblick. Aber so pessimistisch hatte ich ihn selten erlebt. »Das läuft in die falsche Richtung!«, sagte er. »Und es geht immer weiter. Jahrzehnte wird es dauern, ehe sich das System geändert hat. Deshalb wird unsere Generation das Ende des Notstands nicht mehr erleben.«

Ja, es gibt unzählige Missstände, die diese düstere Prognose bestätigen, aber auch Hoffnungsschimmer, die das Bild aufhellen. Schon der Ort dieser Tagung und ihr Veranstalter bieten einen Lichtblick. In Holle bei Hildesheim hat es Peter Dürrmann geschafft, ein gutes Pflegeheim für demente Patienten aufzubauen. Welche Schwierigkeiten er dabei überwinden musste, habe ich im fünften Kapitel beschrieben, ebenso dass es inzwischen mehr als drei Dutzend ähnlicher Heime in Deutschland gibt, die mit ihren Pflegeoasen seinem und nicht zuletzt dem Vorbild der Sonnweid gefolgt sind. Auch wenn sie Ausnahmen von der Regel bilden, so zeigt sich doch, dass es möglich ist, menschenwürdige Zustände in deutschen Pflegeheimen zu schaffen. Sie müssen durchaus nicht teurer sein als schlecht geführte Heime. Die einfühlsame Haltung der Betreuenden, seien sie Heimleiter oder Reinigungskraft, Lehrling oder Arzt, Koch oder Gärtner, gibt's umsonst, ebenso den respektvollen Ton im Umgang mit den Patienten. Auch Techniken wie basale Stimulation und Validation fallen als Kostenfaktor nicht allzu schwer ins Gewicht. Die Mitarbeiter müssen aber darin ausgebildet werden.

Die Frage stellt sich, warum es in der Mehrheit aller Fälle nicht einmal dazu reicht. Am Geld allein kann es nicht liegen. Ein Land wie Deutschland, das die besten Autos und Maschinen der Welt baut, müsste doch in der Lage sein, ein anständiges Pflegekonzept zu entwickeln! Doch statt es zu versuchen, übertrug der Staat Mitte der neunziger Jahre die Verantwortung für seine Altenheime der freien Marktwirtschaft. Inzwischen herrschen schätzungsweise in der Hälfte aller 13 000 Heime private Investoren. Banken und Fonds, Pensionskassen und Versicherungen erwarten Renditen für ihre millionenschweren Investitionen. Die Folgen deckt der Münchner Sozialpädagoge und Pflegeexperte Claus Fussek seit mehr als zwanzig Jahren auf. Er hat sich einen Namen als Anwalt der Alten und Verwirrten gemacht. 2001 informierte er in Genf den UN-Ausschuss für wirtschaftliche, soziale und kulturelle Rechte über die Zustände in deutschen Altenheimen. Für ihn ist die Situation in der Altenpflege die »größte Humankatastrophe nach dem Zweiten Weltkrieg«. Er spricht von mafiösen Strukturen eines Systems, in dem man um des Profits willen an allen Ecken und Enden spart. Alle wüssten darüber Bescheid: Angehörige, Pflegekräfte, Heimleiter, Ärzte, Seelsorger, Therapeuten, Sozialdienste, Gewerkschaften, Berufsgenossenschaften und sogar Politiker und Bestatter. Jeder klage darüber, aber keiner unternehme etwas dagegen. In seinem Buch mit dem bezeichnenden Titel *Im Netz der Pflegemafia*[17] listet er unzählige Beispiele auf, wie das System die schlechte Pflege bedingt, wie Pflegeverbände, Heimbetreiber und Pharmaindustrie davon profitieren. Die Verfassungsklage, in der sieben Musterkläger Ende 2014 das Bundesverfassungsgericht in Karlsruhe aufgefordert haben, gegen den Pflegenotstand einzuschreiten, bestätigt ihn. Da ist die Rede von Bewohnern, die nur alle vier Wochen geduscht werden, für die es keine Zahnpflege gibt, die oft mehrere Stunden lang in verkoteten Einlagen aushalten müssen, sich wund liegen, falsche oder gar keine Medikamente bekommen und nicht selten misshandelt werden. Wenn es zu mühsam und zeitaufwendig erscheint, ihnen das Essen zu reichen, werden sie per Magensonde ernährt. Eine wirksame Kontrolle findet nicht statt. Schon gar nicht durch den sogenannten Pflege-TÜV, der Angehörigen die Suche nach gut geführten Heimen erleichtern soll. Außer einem hohen bürokratischen Aufwand liefert er nur absurd gute Bewertungen. So können Mängel beim Vermeiden von Druckgeschwüren durch gut lesbare Speisepläne ausgeglichen werden. Oder eine mangelhafte Medikamentenversorgung durch lustige Karnevalsfeiern. Ein Beispiel von vielen ist ein Altersheim in Bonn, das wegen unzumutbarer Zustände geschlossen wurde, obgleich es die Note eins erhalten hatte. Der deutsche Staat hat eingesehen, dass es so nicht geht, und will innerhalb der nächsten Jahre ein neues System zur Bewertung von Pflegeheimen und ambulanten Hilfsdiensten schaffen.

Zwischen 1996 und 2008 wurden rund fünfzigtausend Vollzeitstellen in der Pflege gestrichen[18], der Abbau setzt sich fort. Personalmangel führt in vielen Heimen dazu, dass eine ohnehin schon überforderte Pflegekraft viel mehr kranke Menschen versorgen muss, und das bei einem Stundenlohn von nicht einmal zehn Euro. Die Belastung wird immer größer, weil die Zahl pflegebedürftiger Menschen steigt, mehr und mehr erfahrene Pflegekräfte resigniert ausscheiden und sich immer weniger junge Leute für diesen Beruf entscheiden – aus nachvollziehbaren Gründen.

Heute leben in Deutschland rund anderthalb Millionen Demenzkranke. Bis zum Jahr 2050 wird sich ihre Zahl voraussichtlich verdoppelt haben. Vielleicht wäre es eine gute Idee, das Soziale Jahr wieder einzuführen, das die Kirchen vor sechzig Jahren erfunden haben. Nicht nur für diejenigen, die Lust haben, sondern als Pflicht für alle. Junge Männer und Frauen arbeiten ein Jahr lang in einer sozialen Einrichtung, bevor sie 27 sind. Das ist gut für die Jungen und gut für die Alten.

Bei der Holler Runde fiel mir ein Magazin mit dem Titel *Pflegewelten* in die Hände, das im Auftrag des deutschen Bundesministeriums für Gesundheit erschienen ist. Wenn ich es durchblättere, sehe ich ausschließlich Bilder einer heilen Heimwelt: entspannt lächelnde Pflegekräfte und fröhliche alte Menschen in einem blitzblanken Ambiente, also so ziemlich das Gegenteil dessen, was man in einer Vielzahl deutscher Heime antrifft. Deshalb klingt es fast ein wenig zynisch, wenn es im Grußwort heißt, das Magazin wolle dazu beitragen, »die Menschen, Fakten und Chancen der Pflegewelten sichtbarer zu machen«. Dass es auch für die Verantwortlichen nicht ganz so rosig aussieht, wie es das Magazin ausmalt, deutet sich in einem Interview mit Bundesgesundheitsminister Hermann Gröhe an, der offenbar den Ernst der Lage erkannt hat und deshalb einen »entschlossenen Bürokratieabbau« und eine Modernisierung der Pflegeausbildung verspricht. Offen bleibt, wie das geschehen soll. Sicher ist, dass die Reformen, die Minister Gröhe verspricht, wenn überhaupt erst in Jahren greifen. Bis dahin wird sich die Situation wahrscheinlich noch einmal dramatisch verschlechtern. Schon seit einiger Zeit gehen viele Träger von Heimen dazu über, Personal aus Asien und den Balkanländern mit niedrigem Lohnniveau zu rekrutieren. Frauen und Männer, die nur wenige deutsche Worte beherrschen und keine Erfahrung in der Patientenpflege haben.

Das Leben in solchen Heimen ist nichts anderes mehr als ein Sterben vor dem Tod. Geld- und Personalmangel sind nicht die Ursachen dieses Übels, sondern die Folgen einer Haltung, die unsere Gesellschaft gegenüber alten Menschen einnimmt. Sie hat sogar Tradition, wie es das Märchen von der hölzernen Schüssel am Beispiel eines alten Mannes erzählt. Den hatten seine Kinder in die Ofenecke verbannt, weil es sie ekelte, dass er bei Tisch »den Esslöffel nicht ohne etwas zu verschütten zum Munde bringen konnte«. Als ihm auch noch die irdene Schüssel aus der Hand fiel und zerbrach, musste er fortan aus einem hölzernen Napf essen. Kurz darauf bemerkten sie, dass ihr kleiner Sohn allerlei Hölzchen sammelte, und als sie fragten: »Was machst du denn da?«, antwortete das Kind: »Ich mache ein Trögelchen, aus dem ihr essen sollt, wenn ich einmal groß bin.«

Die Geschichte der Gebrüder Grimm hat sich über mehr als drei Jahrhunderte überliefert, ihre Moral jedoch nicht.

Noch immer werden unsere Alten in Schmuddelecken abgeschoben, aber die Aussicht, dort ebenfalls mal zu landen, ist offenbar so bedrückend, dass wir sie verdrängen. Wir ähneln diesen drei Affen, die sich Ohren, Augen und Mund zuhalten, weil sie nichts mehr hören, sehen und sagen wollen. Was muss geschehen, damit diese Lethargie endet? Es leuchtet ein, dass demente Menschen nicht mehr in der Lage sind, sich zu wehren, aber ich frage mich, warum unsere Pflegekräfte nicht aufmucken, indem sie gegen die unhaltbaren Zustände ihrer Arbeitswelt demonstrieren und besonders schlecht geführte Heime bestreiken? Warum sind achtzig Prozent der Lokomotivführer gewerkschaftlich organisiert, aber nur fünfzehn Prozent der Pflegekräfte – und das in achtunddreißig Berufsverbänden, die noch dazu untereinander zerstritten sind? Legitim wäre es, allein für höhere Löhne auf die Straße zu gehen, zwingender noch, für elementare Bedingungen der Pflege zu streiten.

In einem Interview für die Fachzeitschrift *Altenpflege* schlägt Claus Fussek sogar kämpferische Töne an: »Pflegekräfte, solidarisiert euch, brecht euer Schweigen und erkennt, wer für diese Missstände verantwortlich ist. Nur dann wird sich etwas ändern.«[19]

Sein Schlachtruf soll auch Ärzte und Angehörige aufrütteln, Heime zu boykottieren, in denen Missstände zum Himmel stinken. Solange die nicht verschwinden, würden auch gut geführte Heime unter Generalverdacht stehen. Um zu erkennen, wo ein Patient wenigstens halbwegs gut aufgehoben ist, hat Fussek schon mal »Mindestanforderungen für eine menschenwürdige Grundversorgung« aufgelistet. Sie lassen sich auch als Mängelliste lesen, die offenbart, welche Dienste in unzähligen Heimen nicht geleistet werden. Fussek fordert zum Beispiel, dass jeder Heimbewohner anständig ernährt wird, selbst wenn es ihm schwerfällt zu kauen und zu schlucken. Offenbar ist es auch nicht üblich, dass man ihn so oft zur Toilette bringt, wie es nötig ist, auch nicht, dass er täglich gewaschen und gekämmt wird oder ihm die Möglichkeit geboten wird, einmal am Tag sein Bett zu verlassen und an die frische Luft zu kommen. Tief blicken lassen die Forderungen, der Heimbewohner sollte sich darauf verlassen können, dass wenigstens eine Pflegekraft im Heim deutsch spricht – und dass schließlich irgendjemand da ist, der ihm beim Sterben die Hand hält.

Die Zahl der Heimbewohner wird in den kommenden Jahrzehnten rapide steigen und mit ihr der Anteil dementer Patienten. Schon heute wissen wir, dass die Demenz unsere Gesellschaft verändern wird, ob zum Guten oder Schlechten liegt in unserer Hand. Es betrifft nicht nur Deutschland, sondern auch 152 Nationen, die sich in einem völkerrechtlichen Vertrag der Vereinten Nationen verpflichtet haben, dass sämtliche Menschenrechte uneingeschränkt auch für Behinderte gelten müssen. Deutschland hat die Forderung, dass niemand wegen seiner Behinderung benachteiligt werden darf, sogar im Grundgesetz verankert. Doch Gesetze bleiben Hohlformen, wenn wir sie nicht mit Leben erfüllen. Gelingt uns das, wird es alten Menschen die Angst nehmen, in den eigenen vier Wänden zu vereinsamen oder in ein lieblos geführtes Heim abgeschoben zu werden. Wenn sie ihre letzten Jahre in einer Umgebung verbringen können, die ihnen Selbstbestimmung und Zuwendung bietet, können sie auch bei sehr fortgeschrittener Demenz ein erfülltes Leben haben.

Im Grunde sollten wir bei der Gestaltung von Wohn- und Lebensformen nicht zwischen Kranken und Gesunden unterscheiden. Es ist egal, ob und woran ich leide, die Diagnose spielt keine Rolle, was allein zählt, ist das menschliche Maß im Umgang miteinander. Die respekt- und vertrauensvolle Beziehung zwischen Betreuern und Patienten ist alles. Es braucht Zeit, sie zu entwickeln, deshalb sollten wir sie nicht mit Papierkram wie nutzlosen Dokumentationen oder sogenannten Qualitätsmanagementsystemen verplempern. Es sind einfache Maximen, die zu beherzigen sind, wenn es um große Themen geht: Ob krank oder gesund, jeder Mensch wünscht sich, dass ihn jemand gern hat. Jeder möchte, dass man ihm auf Augenhöhe begegnet, seine Nähe sucht und sinnlich berührt – und nicht, wie in manchen Heimen üblich, mit Gummihandschuhen, was seine Körperlichkeit missachtet. Schon die Praxis, Patienten in der Duschkabine mit einem Schlauch abzuspritzen signalisiert Verachtung und Aggression. Wer nicht geliebt wird, stirbt früher.

Jedes Heim mit demenzkranken Menschen sollte seine Pflegekräfte so weit schulen, dass sie mit Kinästhetik den Patienten auf die Beine helfen können und es verstehen, sie mit basaler Stimulation und Validation zum Leben zu erwecken. Wir machen solche Kurse regelmäßig, weil es damit tatsächlich gelingt, eine Haltung zu schulen. Eine segensreiche Maßnahme sind auch Ethikseminare und regelmäßige Fallbesprechungen, in denen gemeinsam Lösungen für schwierige Situationen gesucht und gefunden werden. Ich bin ein Verfechter der Streitkultur, selbst auf die Gefahr hin, dass man mich, wie es durchaus vorkommt, eines Besseren belehrt. Ich kann mich andererseits aber auch als Sklaventreiber gebärden, wenn Vereinbarungen nicht eingehalten werden. Pflegekräfte, die, aus welchen Gründen auch immer, unsere Leitlinien nicht einhalten oder gar boykottieren, entlasse ich. Meine Sympathie gehört dagegen Mitarbeitern, die Stunden damit verbringen, einem alten Mann, der nicht mehr so recht schlucken kann, das Essen zu reichen. Oder eine Patientin, die vor Heimweh weint, in den Arm zu nehmen. Einen Bewohner zu begleiten, der hundertmal am Tag zur Toilette drängt, weil er Angst vor dem Kontrollverlust hat. Solche Menschen werden zum Vorbild. Wenn es viele Mitarbeiter tun, wird es zum System, und ein neuer Pflegender passt sich an das Niveau an, das er antrifft. Das steht bei uns verbindlich für jeden im Leitbild, das als Gemeinschaftswerk aller Mitarbeiter entstand. Seine Erkenntnisse und Thesen füllen ein kleines Heft und bilden das ethische Grundmuster aller elf Kapitel dieses Buches. Es war mir wichtig, dass alle beteiligt waren, als wir es entwickelten, nicht nur die Pflegenden, auch die Köche und Putzfrauen, Techniker, Hausmeister und Gärtner.

Wenn es um Nächstenliebe geht, braucht es kein Diplom, keinen Master in Soziologie oder gar Theologie. Der Wille, sein Herz in die Waagschale zu werfen, genügt. Wenn sich eine Mehrheit findet, die diese Fähigkeit mitbringt, ist mir um die Zukunft unserer Heime nicht bange.

Anmerkungen

1 Arno Geiger: *Der alte König in seinem Exil*, München 2012, S. 55 f.

2 Silvia Bovenschen: *Älter werden. Notizen*, Frankfurt a. M. 2006, S. 32.

3 Alois Alzheimer: Deutsche Alzheimer Gesellschaft/Archiv Alzheimer Info.

4 David Snowdon: *Lieber alt und gesund – dem Alter seine Schrecken nehmen*, München 2001, S. 131.

5 Hermann Brandenburg/Renate Adam-Paffrath: *Pflegeoasen in Deutschland*, Hannover 2013, S. 19 ff.

6 Naomi Feil/Vicki de Klerk-Rubin: *Validation – Ein Weg zum Verständnis verwirrter alter Menschen*, München 1990, S. 4, Übersetzung Andrea Marenzeller.

7 Ebd., S. 67.

8 Naomi Feil/Vicky de Klerk-Rubin: *Validation in Anwendung und Beispielen. Der Umgang mit verwirrten alten Menschen*, München 2010, S. 67, Übersetzung Andrea Marenzeller.

9 Erik H. Erikson: *Identität und Lebenszyklus*, Frankfurt a. M. 1966, Übersetzung Käte Hügel.

10 Alexander S. Neill: *Theorie und Praxis der antiautoritären Erziehung. Das Beispiel Summerhill*, Reinbek 1969, Übersetzung Paul Horstrup und Hermann Schroeder.

11 John Rawls: *Gerechtigkeit als Fairness: Ein Neuentwurf*, Frankfurt a. M. 2006, Übersetzung Joachim Schulte.

12 Ruth Schäubli-Meyer: *Alzheimer. Wie will ich noch leben – wie sterben?*, aktualisierte Ausgabe, Zürich 2010, S. 52 f.

13 Winfried Menninghaus: *Ekel. Theorie und Geschichte einer starken Empfindung*, Frankfurt a. M. 1999.

14 Oliver Pfohlmann: *Schmackhafte Bohnen aus dem Leichenmagen. Über den Erfolg der Fernsehserie ›Autopsie‹*, Redaktion Medienobservation, 2002, http://www.medienobservationen.uni-muenchen.de/artikel/tv/autopsie.html.

15 Patrick Süskind: *Das Parfüm*, Zürich 1985, S. 5 ff.

16 Eckardt von Hirschhausen: *Die Leber wächst mit ihren Aufgaben*, Reinbek 2008, S. 18.

17 Claus Fussek/Gottlob Schober: *Im Netz der Pflegemafia: Wie mit menschenunwürdiger Pflege Geschäfte gemacht werden*, München 2008.

18 Medizinischer Dienst der Krankenversicherung (MDK), http://www.bhkev.de/pdf/Vortrag%20Alexandra%20Kurka-W%F6bking.pdf.

19 *Die Schwester, Der Pfleger*, Juni 2012, Fachzeitschrift für die Pflege, hg. vom Deutschen Berufsverband für Pflegeberufe (DBfK).